AF827891

In Schweitzers (blauen) Textausgaben erschienen:

Strafgesetzbuch

Mit den Nebengesetzen

Stand vom 1. Juni 1934

Mit kurzen Erläuterungen v. OLGRat **Dr. Schäfer**, im Preußischen Justizministerium und Oberstaatsanwalt **Dr. Krug**

1934. 12°. IV, 354 S. Geb. RM. 4.60.

Rechtsanwaltsordnung

in der vom 1. Mai 1934 an geltenden Fassung

Mit Verweisungen und Sachverzeichnis

Herausgegeben von **Dr. Rudolf Pohle**, Landgerichtsrat im Reichsjustizministerium

1934. 12°. 91 S. Kart. RM. 1.40.

Das Wechselgesetz und das Scheckgesetz

Mit den einschlägigen Bestimmungen erläutert von **Dr. Paul Schaefer**, Amtsgerichtsrat in Berlin.

1934. 12°. VIII, 272 S. In biegsamen Leinen gebund. RM. 4.—.

Zivilprozeßordnung

Mit Nebengesetzen, Einleitung, Verweisungen und Sachregister

5. Auflage von J. Schiedermair

Senatspräsident am Oberlandesgericht München.

1934. 12°. IX, 302 S. In biegsamen Leinen gebund. RM. 3.—.

J. Schweitzer Verlag, (Arthur Sellier)

München, Berlin, Leipzig

Reichsgerichts-Entscheidungen

in kurzen Auszügen

Strafsachen Band 67

1 9 3 4

München, Berlin und Leipzig

J. Schweitzer Verlag (Arthur Sellier).

Printed in Germany

Druck von Dr. F. P. Datterer & Cie., Freising-München.

Von dieser Sammlung erschienen folgende Bändchen:

I. Zivilsachen:	Bd. 76—100	. . .		je RM.	0.80
	„ 101—130	. . .		je RM.	1.—
	„ 131—141	. . .		je RM.	2.—
Serien:	„ 76—141	mit 3 Reg.		zus. RM.	69.—
	„ 81—141	83–119		zus. RM.	66.—
	„ 91—141	120–130 131–140		zus. RM.	59.—
	„ 101—141			zus. RM.	52.—
	„ 111—141			zus. RM.	43.—
Gesamtregister zu	Bd. 83—119	. . . .		RM.	6.—
Gesamtregister zu	Bd. 120—130	. . . .		RM.	1.80
Gesamtregister zu	Bd. 131—140	. . . .		RM.	1.50
II. Strafsachen:	Bd. 45—55	. . .		je RM.	0.80
	„ 56—60	. . .		je RM.	1.—
	„ 61—67	. . .		je RM.	2.—

Serie: Bd. 45—67 mit Ges.-Reg. zu Bd. 45—60 zus. RM. 27.—
Gesamtregister zu Band 45—60 . . . . RM. 3.70

Jedes Bändchen entspricht einem Bande der amtlichen Sammlung.

1. **Konkurs. Gläubigerbegünstigung. Vertragsänderung.** (KO. §§ 17, 241.) In einer Möbelfabrik wurden Möbel bestellt. Die Lieferung verzögerte sich. Nachdem der Besteller wiederholt gemahnt hatte, erklärte er dem Fabrikanten, er solle ihm die Möbel liefern, wie sie eben seien. Dieser lieferte sie in unfertigem Zustand. Am folgenden Tag fiel er in Konkurs. Er wurde wegen Gläubigerbegünstigung angeklagt, weil er dem Besteller Gegenstände geliefert habe, die dieser in solcher Art nicht zu beanspruchen hatte. Das Landgericht nahm an, die Lieferung der unfertigen Stücke sei gegenüber der Leistung, die der Besteller zu fordern hatte, nur ein Weniger gewesen; er erachte darum den Tatbestand des § 241 KO. nicht für gegeben. Das Reichsgericht erklärte diese Begründung nicht für einwandfrei. Es kann allerdings Fälle geben, in denen die noch ausstehende Arbeitsleistung, deren es zur gänzlichen Fertigstellung eines Möbels bedarf, so geringfügig ist, daß diese auch ohne sie bereits den (wenn auch nicht mangelfreien) Vertragsgegenstand darstellt. Ob die Sache im vorliegenden Fall so war, ließ sich beim Schweigen des Urteils über den Zustand, in dem sich die einzelnen Stücke bei der Lieferung befanden, nicht nachprüfen. Die Erwägung, daß ein unfertiges Möbelstück immer nur eine geringere Leistung als ein fertiges darstelle, erklärte das Reichsgericht für abwegig. Es durfte nicht übersehen werden, daß für zweiseitige Verträge, die zur Zeit der Konkurseröffnung noch nicht vollständig erfüllt sind, dem Konkursverwalter ein Wahlrecht zusteht, ob er den Vertrag seinerseits erfüllen will oder nicht. Wenn der Besteller dem Angeklagten, nachdem er trotz Mahnung die Möbel nicht geliefert hatte, schließlich erklärte, er solle sie ihm in dem Zustand liefern, in dem sie sich eben befanden, konnte hierin nicht eine nachträgliche Änderung des ursprünglichen Vertragsinhalts gefunden werden und es bedurfte keiner Prüfung, ob eine solche geeignet gewesen wäre, die Anwendung des § 241 KO. unter den hier sonst gegebenen Umständen auszuschließen. (II, 21. November 1932.)

Amtl. Sammlg. S. 1—2.

2. **Üble Nachrede. Tatsache.** (StGB. § 186.) Eine Tatsache ist etwas Geschehenes oder Bestehendes, das zur Erscheinung gelangt und in die Wirklichkeit getreten, daher dem Beweis zugänglich ist. Den Gegensatz zum Vor-

bringen einer Tatsache bildet (bei allerdings flüssigen Grenzen) die Aufstellung eines Urteils, die Kundgebung einer Meinung. Diesem Unterschied kommt eine besondere Bedeutung da zu, wo die den Gegenstand der Urteilsfindung bildende Äußerung unmittelbar lediglich als die Voraussage eines zu erwartenden Ereignisses gekennzeichnet ist; eine solche kann der Behauptung einer Tatsache an sich nicht gleichgestellt werden. Freilich ist die Voraussage eines bevorstehenden Ereignisses schwerlich anders denkbar, als indem sie auf ein Urteil über einen gegenwärtigen, zur Hervorbringung eines angekündigten Ereignisses tauglichen Zustand gestützt wird; dieses Urteil beruht aber regelmäßig auf der Stellungnahme zu der vergangenen Entwicklung, die den Zustand geschaffen hat, also zu einer Tatsache. Demgemäß kann aus der Voraussage eines künftigen Ereignisses auch die Behauptung einer Tatsache entnommen werden. Das verlangt aber eine sorgfältige Prüfung und eine klare Auseinandersetzung. (II, 24. November 1932.) Amtl. Sammlg. S. 2—3.

3. **Notwendige Verteidigung. Antragsfrist.** (StPO. § 140.) Zur Zeit der Zustellung der Anklageschrift hatte der Angeklagte einen gewählten Verteidiger. Nachträglich zeigte er dem Gericht an, daß er seinen bisherigen Verteidiger nicht zahlen könne, und beantragte die Bestellung eines Verteidigers. Das Landgericht lehnte den Antrag ab. Nachdem der Angeklagte den Antrag wiederholt hatte, teilte ihm der Vorsitzende mit, daß es bei der Ablehnung verbleibe, weil der Angeklagte zur Zeit der Zustellung der Anklageschrift einen gewählten Verteidiger gehabt habe und damit sein Recht erloschen sei, einen Verteidiger durch das Gericht gestellt zu erhalten. Die hierauf gestützte Revision hatte Erfolg. Die im Gesetz vorgesehene Ausschlußfrist für den Antrag auf Bestellung eines Verteidigers hat allerdings die Wirkung, daß der Angeklagte, der bei Zustellung der Anklageschrift keinen Verteidiger hat, das Recht auf Bestellung eines Verteidigers verliert, wenn er den Antrag nicht binnen der dreitägigen Frist stellt; gegen eine Versäumung der Frist kann aber eine Wiedereinsetzung in den vorigen Stand in Frage kommen. Darüber hinaus würde eine am Wortlaut haftende Auslegung der Vorschrift, insbesondere der Fristbestimmung, nicht den Sinn des Gesetzes treffen. Hat der Angeklagte einen

Wahlverteidiger, so werden, solange diese Sachlage besteht, die Rechte des Angeklagten von jenem wahrgenommen. Fällt aber der gewählte Verteidiger nachher weg, so kann das in der rechtlichen Natur der Tat begründete Recht auf Bestellung eines Verteidigers nicht dadurch untergehen, daß für den Angeklagten, solange er einen Wahlverteidiger hatte, kein Anlaß bestand, sich einen Verteidiger vom Gericht beigeben zu lassen. Die gegenteilige Annahme würde gegen den Sinn des Gesetzes verstoßen, da der Gesetzgeber dem Angeklagten ein Recht auf den Beistand eines Verteidigers geben und nur Vorsorge dagegen treffen wollte, daß der Angeklagte den Antrag grundlos verzögere. Es war darum zu prüfen, ob der Angeklagte den Antrag rechtzeitig gestellt hatte. Die dreitägige Frist beginnt sinngemäß in derartigen Fällen in dem Zeitpunkt, zu dem der Angeklagte von der sein Antragsrecht begründeten veränderten Sachlage Kenntnis erhalten hatte. Der Antrag des Angeklagten war also zu Unrecht abgelehnt worden. Die Anklage hatte auf ein Verbrechen der schweren Urkundenfälschung in Tateinheit mit einem Vergehen des Betrugs gelautet. Der Angeklagte war nur wegen Betrugs verurteilt worden. Nach der Beurteilung, welche die Tat in der Anklageschrift gefunden hatte, hätte aber dem Angeklagten ein Verteidiger bestellt werden müssen. (I, 25. November 1932.)

Amtl. Sammlg. S. 3—12.

Vgl. Bd. 33 S. 302; Bd. 65 S. 246; Bd. 66 S. 108.

4. **Fahrlässige Tötung. Heilbehandler. Ursachenzusammenhang.** (StGB. § 222.) Ein Heilbehandler wurde am 13. Mai 1930 zur Behandlung einer Frau beigezogen, die am 11. Mai an Leibschmerzen erkrankt war. Er stellte Blinddarmentzündung mit Fieber fest und verordnete homöopathische Mittel, außerdem kalte, später heiße Umschläge. Eine Operation erklärte er für unnötig. Da sich der Zustand der Frau nicht besserte, wurde am 23. Mai ein Arzt beigezogen. Dieser nahm an, daß die Frau im Anschluß an die Blinddarmentzündung an einer Bauchfellentzündung erkrankt sei und verfügte ihre Verbringung in ein Krankenhaus. Dort wurde sie noch am gleichen Tag operiert. Am 1. Juni starb sie. Der Heilbehandler wurde vom Berufungsgericht wegen fahrlässiger Tötung verurteilt. Das Reichsgericht verwies die Sache zurück.

Das Berufungsgericht hatte ausgeführt, daß der Angeklagte, als er beigezogen wurde, bei einiger Sorgfalt sich hätte sagen müssen, daß seine Kenntnisse und Fähigkeiten zur Behandlung eines so schwierigen Falles nicht ausreichten; seine Pflicht wäre es gewesen, die Behandlung abzulehnen und die Beiziehung eines Arztes und die Vornahme einer Operation zu empfehlen. Wenn am 13. Mai, oder auch noch am 14. und 15. Mai, ein Arzt zugezogen und eine alsbaldige Operation angeordnet worden wäre — was jeder Vertreter der Schulmedizin getan hätte — wäre die Frau mit größter Wahrscheinlichkeit gerettet worden. Die Operation hatte nach der Auffassung des Berufungsgerichtes den ursächlichen Zusammenhang nicht unterbrochen, wenn sie auch wegen des hohen Fiebers der Frau nicht hätte vorgenommen werden sollen; diese wäre auch ohne die Operation gestorben. Das Reichsgericht nahm zunächst an dem Ausdruck „Schulmedizin" Anstoß. Man konnte dabei an den Gegensatz zwischen approbierten Ärzten und nichtärztlichen Heilbehandlern denken und unter Schulmedizin die an den Universitäten gelehrte medizinische Wissenschaft verstehen; aus den Urteilsgründen ergab sich aber, daß das Berufungsgericht unter Vertretern der Schulmedizin keineswegs alle akademisch gebildeten Ärzte, sondern nur jene Ärzte verstand, die nach den allgemeinen oder weitaus überwiegend anerkannten Regeln der ärztlichen Wissenschaft handelten, im Gegensatz zu den ärztlichen oder nichtärztlichen Außenseitern, die nach anderen Methoden verfahren, wie das insbesondere die Vertreter der homöopathischen Methode tun. Da jetzt für Homöopathie und Naturheillehre auch an den Universitäten Lehrstühle bestehen, erschien es zweifelhaft, ob die Anwendung des Begriffs „Schulmedizin" überhaupt noch berechtigt war. Die Annahme des Berufungsgerichts, daß bei Blinddarmentzündung eine Operation vor Durchbruch des Wurmfortsatzes mit einer an Sicherheit grenzenden Wahrscheinlichkeit Erfolg verspreche, war der Nachprüfung des Revisionsgerichts entzogen, ebenso die Annahme, daß die Frau, nachdem der Durchbruch einmal eingetreten war, auch ohne die Operation gestorben wäre. Der ursächliche Zusammenhang wurde auch dadurch nicht unterbrochen, daß, wie der Angeklagte behauptete und durch ein Gutachten zu belegen suchte, die Operation fehlerhaft war. Bedenken bestanden aber gegen die Ausführungen des Berufungsgerichts, die dem Nachweis der Fahrlässigkeit dienten. Der vom Angeklagten mindestens mitverursachte Erfolg (der Tod der Frau) konnte dem Angeklagten als Fahrlässigkeit nur zugerechnet werden, wenn feststand, daß er die Sorgfalt, zu der er nach den Umständen und nach seinen persönlichen Kenntnissen und Fähigkeiten verpflichtet und imstande war, außer acht gelassen hatte und daß er infolgedessen entweder den Erfolg, den er bei Anwendung der pflichtgemäßen Sorgfalt hätte voraussehen können, nicht vorausgesehen hatte (unbewußte Fahrlässigkeit) oder zwar den Eintritt des Erfolgs für möglich gehalten, aber darauf vertraut hatte, er werde nicht eintreten (bewußte Fahrlässigkeit) und wenn weiter feststand, daß keine besonderen Umstände vorlagen, die ein anderes Verhalten trotz Voraussehbarkeit oder Voraussicht der Möglichkeit des Erfolgs als nicht zumutbar erscheinen ließen. Ein Entschuldigungsgrund der letzten Art konnte vorliegen, wenn in einem schwierigen Krankheitsfall ein mit der Unzulänglichkeit seiner Kenntnisse rechnender Heilkundiger die Behandlung nur deshalb übernahm, weil sonst der Kranke ohne jede Hilfe blieb. So lag die Sache hier nicht. In Frage kam nur unbewußte Fahrlässigkeit. Hiefür war erforderlich der Nachweis, daß der Angeklagte eine aus der Rechtsordnung sich ergebende Sorgfaltspflicht verletzte, obwohl ihm ihre Erfüllung zugemutet werden konnte, und den eingetretenen Erfolg als Folge seines pflichtwidrigen Verhaltens voraussehen konnte; die Voraussehbarkeit muß spätestens im Zeitpunkt der Pflichtwidrigkeit vorhanden sein. Die Beobachtung der vernachlässigten Vorsicht kann geboten sein durch Rechtssatz oder durch die vom Recht anerkannte Verkehrssitte. Wer sich amtlich, beruflich oder gewerblich betätigt, ist besonders verpflichtet, die für diese Tätigkeit geltenden Rechtssätze und Verkehrsgepflogenheiten zu beachten. Maßgebend sind die Verkehrsgepflogenheiten der gewissenhaften und anständigen Angehörigen des Verkehrskreises; Mißbräuche sind auch bei weiter Verbreitung unbeachtlich. Dieser objektive, dem ordentlichen Berufsgenossen entnommene Durchschnittsmaßstab genügt aber nur für die bürgerlich-rechtliche Haftbarkeit; auf dem Gebiete des Strafrechts ist auch noch die Berücksichtigung der persönlichen Fähigkeiten und Kenntnisse des Täters geboten und zwar sowohl hinsichtlich der Möglichkeit der Erfüllung der Sorgfaltspflicht als auch der Voraussehbarkeit des Erfolgs. Dabei ist zu beachten, daß schon die Übernahme einer Tätigkeit den Vorwurf einer Fahrlässigkeit begründen kann, wenn der Täter nach seinen persönlichen Fähigkeiten und Kenntnissen hätte erkennen können, daß er den mit der übernommenen Tätigkeit verbundenen besonderen Anforderungen an Wissen und Können nicht gewachsen sei und daß seine Tätigkeit eben wegen dieses Mangels möglicherweise den in Frage stehenden Erfolg herbeiführen werde. Ist die Übernahme einer Tätigkeit von einer Prüfung oder von einer polizeilichen Genehmigung abhängig, so wird gegenüber einer Person, die eine solche Tätigkeit ohne Erfüllung der Voraussetzungen übernimmt und gerade hiedurch den Erfolg herbeiführt, der Nachweis der Fahrlässigkeit meist nicht allzuschwierig sein. Entsprechendes gilt hinsichtlich gesetzlicher Bestimmungen und anderer Vorschriften, die dazu dienen, den mit bestimmten Tätigkeiten verbundenen Gefahren entgegenzuwirken. Im deutschen Recht ist die Ausübung des Heilgewerbes (von wenig Ausnahmen abgesehen) freigegeben. Das bedeutet keinen Freibrief; die im Verkehrsgebiet der Heilbehandlung erforderliche Sorgfalt muß auch von nichtärztlichen Heilbehandlern beobachtet werden. Deshalb besteht auch für den nichtärztlichen Heilbehandler eine Ausbildungs- und Fortbildungspflicht, außerdem eine Pflicht zur Prüfung, ob seine Fähigkeiten und Kenntnisse gerade im gegebenen Fall zur Feststellung der Krankheit und zu ihrer erfolgreichen Behandlung genügen. Das gilt namentlich dann, wenn es sich um eine lebensgefährliche Krankheit handelt und wenn hiefür neben dem von ihm angewandten Heilverfahren auch noch ein anderes weitverbreitetes Verfahren in Betracht kommt, das er selbst nicht anwenden kann. Ein Heilkundiger, der bewußt ein anderes als das von der ärztlichen Wissenschaft weitaus überwiegend anerkannte Verfahren anwenden will, ist zum mindesten verpflichtet, den Kranken oder einen seiner Angehörigen hierüber aufzuklären; dagegen ist er nicht verpflichtet, ein Heilmittel oder ein Heilverfahren, das nach dem augenblicklichen Stand der ärztlichen Wissenschaft weitaus überwiegend als das wirksamste gilt, auch dann anzuwenden, wenn seine auf sachliche Gründe gestützte persönliche Überzeugung mit der überwiegenden Meinung nicht übereinstimmt. Wenn der Heilbehandler während einer längerdauernden Praxis keine nennenswerten, für ihn erkennbaren Mißerfolge erlebt, vielleicht sogar wirkliche oder vermeintliche Erfolge erzielt hat, ist es wohl möglich, daß er bei Übernahme der Behandlung einer Krankheit seinen Mangel an Fähigkeiten und Kenntnissen oder gar die Möglichkeit der Verursachung eines schlimmen Erfolgs nicht zu erkennen vermag, zumal wenn er nur über eine geringe allgemeine Urteilsfähigkeit verfügt. Diese Grundsätze waren in dem angefochtenen Urteil nicht ausreichend berücksichtigt. Darüber, ob eine Operation zu der Zeit, da der Angeklagte beigezogen wurde, noch Erfolg versprochen hätte, gingen die Gutachten auseinander; hienach konnte nicht gesagt werden, daß der Angeklagte eine sofortige Operation hätte empfehlen müssen. Zu prüfen war auch, welchen Bildungsgrad der Angeklagte durchgemacht und welche praktischen Erfahrungen, insbesondere hinsichtlich der Behandlung von Blinddarmentzündungen, er gesammelt hatte, ob und inwieferne er den anerkannten Regeln der von ihm vertretenen, auch von Ärzten angewandten Heilweise zuwidergehandelt hatte und ob er nach seinen persönlichen Verhältnissen imstande gewesen wäre, den eingetretenen Erfolg vorauszusehen und zu vermeiden. (I, 1. Dezember 1932.)

Amtl. Sammlg. S. 12—29.

Vgl. Bd. 3 S. 208; Bd. 25 S. 375; Bd. 30 S. 25; Bd. 36 S. 78; Bd. 39 S. 2; Bd. 50 S. 37, 417; Bd. 56 S. 343; Bd. 57 S. 172; Bd. 58 S. 27, 130; Bd. 59 S. 355; Bd. 60 S. 349; Bd. 64 S. 263.

5. **Bestechung. Schmiergeld. Verfallerklärung. Rechtsmittelbeschränkung.** (UnlWG. § 12.) Ein Angestellter wurde wegen der Annahme von Schmiergeldern zu einer Gefängnisstrafe verurteilt; zugleich wurden 4300 *RM* für verfallen erklärt. Er hatte noch vor Erlaß des Urteils an seine Firma, die ihn auf Schadenersatz verklagt hatte, auf Grund eines Vergleichs 6000 *RM* bezahlt; in dieser Summe sollten auch die Schmiergelder enthalten sein. Gegen das Urteil legte er Berufung ein, beschränkte sie aber auf die Strafhöhe. Sie wurde verworfen. Die Revision bezeichnete die Verfallerklärung als unzulässig, weil

der Angeklagte sich der durch die Bestechung erlangten Vermögenswerte wieder entledigt habe. Erfolg hatte sie nicht. Die Beschränkung des Rechtsmittels auf diesen Teil des Urteils war zulässig. Wenn der Angeklagte behauptete, die Summe, zu der er verurteilt worden war, sei zu hoch, so verlangte er eine neuerliche Feststellung der empfangenen Leistungen; das Rechtsmittel war dann in Wirklichkeit nicht auf das Strafmaß beschränkt. Es konnte aber auch sein, daß der Angeklagte die Verfallerklärung nur deshalb bekämpfte, weil für sie wegen der Rückzahlung kein Raum mehr sei; dann war die Schuldfrage nicht mehr angefochten und das Rechtsmittel auf die Nebenstrafe der Verfallerklärung wirksam beschränkt. Ob das eine oder andere zutraf, war Auslegungssache. Das Berufungsgericht hatte den zweiten Fall angenommen; dagegen war nichts einzuwenden. Der Strafanspruch des Staates hat seine Wurzel im öffentlichen Recht; er ist seiner Natur nach unbedingt und kann seine Schranken nur im öffentlichen Recht finden. Wer sich durch Annahme von Geschenken hat bestechen lassen, kann darum der Verfallerklärung nicht dadurch entgehen, daß er das Empfangene auf Grund eines privatrechtlichen Anspruchs oder in irrtümlicher Annahme eines solchen an einen anderen herausgibt; ebenso wird anderseits ein privatrechtlicher Anspruch durch die Verfallerklärung nicht berührt. Allerdings richtet sich die Verfallerklärung gegen den, der das Bestechungsmittel oder dessen Wert in Händen hat; aber es ist dabei kein Unterschied zu machen, ob der Täter, der einmal das Bestechungsmittel als Teil seines Vermögens besessen hat, noch um dessen Wert bereichert ist oder nicht, wenn er es freiwillig oder auf Grund einer Rechtspflicht an einen Dritten weitergegeben hat, wie und weshalb es überhaupt aus seinem Vermögen ausgeschieden ist. Die Sonderstrafe der Verfallerklärung ist geschaffen worden, weil das Bestechungsmittel als Mittel zu einem besonders verwerflichen, die Allgemeinheit schädigenden Verhalten mißbraucht worden ist; sie muß daher von den Tätern den treffen, der das Bestechungsmittel in Händen hat oder zuletzt gehabt hat. (I, 2. Dezember 1932.)

Amtl. Sammlg. S. 29—32.

Vgl. Bd. 54 S. 215; Bd. 65 S. 296; RGZ. Bd. 99 S. 31.

6. Steuerstrafrechtliche Haftung. (RAbgO. §§ 416, 468.)

Durch einen Strafbescheid wurde wegen Steuerhinterziehung eine Geldstrafe festgesetzt. Da sie uneinbringlich war, wurde gegen den Vater des Verurteilten ein Strafverfahren eingeleitet; durch das Urteil wurde er für haftpflichtig für die gegen seinen Sohn ausgesprochene Strafe und die Kosten erklärt. Seine Revision führte zur Zurückverweisung der Sache. Die dem Steuerstrafrecht eigentümliche Nachhaftung findet ihre innere Rechtfertigung in der unausgesprochenen, nur im Falle des § 416 RAbgO. widerlegbaren Vermutung eines Mitverschuldens des Haftpflichtigen; sie stellt sich dar als ein Einstehenmüssen für eine fremde Straftat. Ist die Zuziehung der Haftpflichtigen in dem Strafverfahren gegen den eigentlichen Schuldigen unterblieben und muß deshalb der Haftungsanspruch in einem besonderen Verfahren verfolgt werden, so sind in diesem Verfahren die Voraussetzungen für den Ausspruch der Nachhaftung selbständig zu prüfen. Der Haftpflichtige kann alle Einwendungen, die er als Nebenbeteiligter im Strafverfahren gegen den eigentlichen Schuldner hätte erheben können, nunmehr in dem gegen ihn gerichteten Verfahren geltend machen. Auch ohne solche Einwendungen hat das Gericht zu prüfen und festzustellen, ob die Strafe im ersten Verfahren überhaupt und in der ausgesprochenen Höhe verhängt werden durfte, denn die Erfüllung des Tatbestandes einer Steuerhinterziehung bildet eine sachliche Voraussetzung für die Nachhaftung. Diese Prüfung war unterblieben. (I, 2. Dezember 1932.)

Amtl. Sammlg. S. 32—34.

Vgl. Bd. 12 S. 212; Bd. 25 S. 137; Bd. 63 S. 294.

7. **Anwendung von Sprengstoffen. Innerer Tatbestand. Reformatio in peius.** (SprengstG. § 5.) Eine Flasche wurde mit Kalzium-Karbid und Wasser gefüllt, mit dem daran angebrachten Patentverschluß geschlossen und in ein Zimmer geworfen; dort explodierte sie mit lautem Knall. Glassplitter und Karbidteilchen wurden durch das ganze Zimmer verstreut; Einrichtungsgegenstände wurden zertrümmert. Die Verurteilung der beiden Täter wegen Verbrechens gegen das Sprengstoffgesetz in Tateinheit mit Sachbeschädigung wurde vom Reichsgericht nicht gebilligt. Die Annahme der Sprengstoffeigenschaft des Flascheninhalts war nicht zu beanstanden. Sprengstoffe im Sinne des Sprengstoffgesetzes sind alle explosiven Stoffe (das

sind Stoffe, die bei Entzündung eine gewaltsame und plötzliche Ausdehnung dehnbarer Flüssigkeiten oder Gase hervorrufen), soferne sie als Sprengmittel wirken, d. h. durch ihre Anwendung in dieser Eigenschaft den Erfolg einer Zerstörung herbeiführen. Explosionsähnliche Wirkungen können auch beim Zerspringen eines unter dem inneren Überdruck eines Gases oder einer Flüssigkeit stehenden Gefäßes eintreten; unter das Sprengstoffgesetz fällt aber die Herbeiführung solcher Wirkungen nicht. Das bei Versetzung von Kalziumkarbid mit Wasser sich entwickelnde Azetylengas ist bei Entzündung explosiv; unter den gegebenen Bedingungen bestand infolge der starken Wärmeabgabe bei der Zersetzung des Karbids sogar die Möglichkeit einer Selbstentzündung. Für die Eigenschaft eines Stoffes als Sprengstoff kommt es nur auf die Eignung zum Sprengzwecke an, nicht aber darauf, ob der Stoff auch in der Praxis als Sprengstoff verwendet wird. Von der Anwendung eines Sprengstoffes kann aber nur die Rede sein, wenn der Stoff eben in seiner Eigenschaft als Sprengstoff verwendet, zur Explosion gebracht wird, um als Sprengmittel zu dienen. Das Schwurgericht hätte daher die Frage, ob die Flasche infolge von Entzündung des darin befindlichen Gasgemisches oder lediglich durch inneren Überdruck zur Explosion gebracht wird, nicht unentschieden lassen dürfen. Im zweiten Fall lag höchstens ein Versuch des Verbrechens gegen § 5 oder ein Verbrechen gegen § 7 des Sprengstoffgesetzes vor. Infolge eines verfehlten Ausgangspunktes hatte das Schwurgericht auch den inneren Tatbestand nicht richtig gewürdigt. Zum Vorsatz gehört die Kenntnis der Tatumstände, hier also die Kenntnis davon, daß ein Sprengstoff angewendet, durch Entzündung zur Explosion gebracht, als Sprengmittel benutzt wurde. Bedingter Vorsatz war ausreichend; nicht erforderlich war, daß der Täter eine genaue Vorstellung von den bei der Explosion sich abspielenden chemischen Vorgängen hatte. Immerhin war nötig, daß er eine Sprengwirkung herbeiführen wollte und sich dabei eine Entzündung und nicht einen inneren Druck als auslösende Ursache des Sprengvorgangs vorstellte. Die Sache wurde zurückverwiesen. Das Reichsgericht bemerkte dazu, daß, falls das Schwurgericht in der neuen Verhandlung nur zur Annahme einer Sachbeschädigung kam, es nicht gehindert war, die Strafen unter Umwandlung der Zuchthausstrafe in Gefängnisstrafe nach dem hiefür geltenden Maßstab in derselben Höhe wie im angefochtenen Urteil festzusetzen. (III, 8. Dezember 1932.) Amtl. Sammlg. S. 35—40.

Vgl. Bd. 48 S. 72; Bd. 58 S. 276; Bd. 66 S. 202.

8. **Schmuggel. Kraftdroschke. Allgemeiner Verkehr. Einziehung.** (RAbgO. § 401.) L. war Eigentümer einer Kraftdroschke, die dem allgemeinen Verkehr diente. H. war von ihm als Führer angestellt. Ohne Wissen des L. fuhr H. mit der Droschke in das Freihafengebiet von Hamburg, nahm dort eine größere Menge Kaffee in Empfang, verstaute sie im Wagen und suchte sie unverzollt über die Grenze zu bringen. Er wurde entdeckt und zu einer Geld- und Gefängnisstrafe verurteilt; zugleich wurde auf Einziehung des geschmuggelten Kaffees erkannt. Das Hauptzollamt legte als Nebenkläger Revision ein, weil nicht auch auf Einziehung der Droschke erkannt worden war. Das Reichsgericht verwies die Sache zurück. Bei Verurteilung wegen Steuerhinterziehung ist auch auf Einziehung der Beförderungsmittel zu erkennen, die der Täter zur Begehung der Tat benutzt hat; ausgenommen sind die dem allgemeinen Verkehr dienenden Beförderungsmittel. Unter diesen Begriff fiel auch die Droschke; es kam aber in Frage, ob diese im Rahmen des allgemeinen Verkehrs tatsächlich verwendet wurde. Das ergab sich aus den Feststellungen des Schöffengerichts nicht mit Sicherheit. Es war vor allem festzustellen, ob der Angeklagte überhaupt berechtigt war, sich mit seinem Wagen in das Freihafengebiet zu begeben. Weiter war zu erörtern, von wo aus und zu welcher Tageszeit er die Fahrt unternommen hatte und welche Zeit sie in Anspruch nahm; endlich war auch zu prüfen, ob im Interesse des allgemeinen Verkehrs zur der Fahrt in das Freihafengebiet ein Bedürfnis bestand. Sobald ein Fahrzeug dem allgemeinen Verkehr entzogen wird, ihm also nicht mehr dient, versagt auch der gesetzliche Schutz. (III, 8. Dezember 1932.)

Amtl. Sammlg. S. 40—44.

9. **Meineid. Strafermäßigung. Teilweises Geständnis.** (StGB. §§ 154, 157.) Ein Dienstknecht fällte in einem Forst zwei Birken; eine davon schaffte er zu seinem Dienstherrn, der damit einverstanden war. Gelegentlich einer Zeugenvernehmung beschwor er, er habe nur eine

schon gefällte Birke an sich genommen und ohne Wissen seines Dienstherrn auf dessen Grundstück geschafft. Das Schwurgericht verurteilte ihn wegen Meineids, ohne ihm Strafermäßigung zuzubilligen. Das Reichsgericht verwies die Sache zurück. Entscheidend war, ob die Angabe der Wahrheit eine Verfolgung wegen eines Verbrechens oder Vergehens für den Täter nach sich ziehen konnte; die eigene Auffassung des Täters hatte außer acht zu bleiben. Das Teilgeständnis des Angeklagten umfaßte nicht die ganze Tathandlung. Die unrichtige Darstellung des Vorgangs als eines Diebstahls (nicht eines Forstdiebstahls) hatte auszuscheiden, da es sich bei der für die Strafermäßigung vorausgesetzten Strafverfolgung nur um die wegen eines wirklich ausgeführten Verbrechens oder Vergehens handeln kann. Trotz des Teilgeständnisses hätte also die Angabe der Wahrheit die Gefahr einer Strafverfolgung wegen Forstdiebstahls begründet; die Strafermäßigung hatte demgemäß gewährt werden müssen. (II, 8. Dezember 1932.) Amtl. Sammlg. S. 44—47.

Vgl. Bd. 43 S. 67.

10. Beleidigung. Strafantrag. Vorgesetzter. (StGB. § 196.) In einer an den preußischen Minister für Volkswohlfahrt gerichteten Eingabe wegen einer Unfallursache wurden die Mitglieder des gerichtsärztlichen Ausschusses in Berlin beleidigt. Die Eingabe wurde an den zuständigen Oberpräsidenten weitergegeben. Es wurde Strafantrag wegen Beleidigung gestellt. Das Schriftstück trug den Vordruck „Der Oberpräsident der Provinz Brandenburg und von Berlin" war aber nicht vom Oberpräsidenten oder seinem allgemeinen Stellvertreter, sondern von dem Sachbearbeiter der Unfallsache beim Oberpräsidium unterzeichnet; der Unterschrift waren die Worte „im Auftrag" vorangestellt. Eine Ermächtigung zur Stellung von Strafanträgen war dem Sachbearbeiter nicht erteilt worden; auch einen entsprechenden Auftrag für diese Sache hatte er nicht erhalten. Der allgemeine Stellvertreter des Oberpräsidenten erklärte nachträglich, daß er mit dem Strafantrag einverstanden sei. Das Schöffengericht verurteilte; das Reichsgericht stellte das Verfahren ein. Der Sachbearbeiter war nicht befugt, Strafantrag wegen einer Beleidigung zu stellen, die in der von ihm zuständigerweise bearbeiteten Sache begangen worden war. Die Beleidigung bezog sich zwar auf das Verfahren über Zuerkennung einer Unfallrente; sie bildete aber bloß wegen dieses Zusammenhangs noch keinen Teil dieser Sache und konnte auch völlig unabhängig von dem im Gang befindlichen Verfahren behandelt werden. Bei der Entscheidung, ob ein Strafantrag nach § 196 StGB. zu stellen ist, kommen Erwägungen in Betracht, zu deren Beurteilung der Sachbearbeiter nicht berufen und in der Regel nicht in der Lage ist. Insbesondere ist zu prüfen, ob es nach den obwaltenden Umständen und nach der Persönlichkeit und dem Verhalten des beleidigten Beamten angezeigt oder geboten ist, ein Strafverfahren einzuleiten. Hierüber ein Urteil zu fällen, ist nach dem Gesetz nur der Vorgesetzte des Beleidigten oder der angegriffenen Behörde kraft seines Aufsichtsrechts und seiner Kenntnisse der Amtsverhältnisse berufen. Das schließt nicht aus, daß der Vorgesetzte den Sachbearbeiter allgemein oder in besonderen Fällen zur Stellung von Strafanträgen ermächtigt. Das war aber nicht geschehen und die nachträgliche Genehmigung konnte den Mangel nicht heilen, weil sie erst nach Ablauf der Antragsfrist erteilt worden war. (II, 8. Dezember 1932.) Amtl. Sammlg. S. 47—49.

Vgl. Bd. 12 S. 327; Bd. 36 S. 413.

11. Einfuhrverordnung. Nachhaftung. Handel- und Gewerbetreibende. (VZG. §§ 134, 153; Ein- und Ausf.-VO. § 2). Angestellte einer englischen Handelsgesellschaft wurden wegen vorsätzlicher Zuwiderhandlung gegen die Ein- und Ausfuhrverordnung zu Geldstrafen verurteilt; die Gesellschaft wurde für die Strafen und Kosten haftbar erklärt. Ihre Revision wurde verworfen. Nach der Verordnung wurde die verbotene Einfuhr nach den Vorschriften des Vereinszollgesetzes über Konterbande bestraft. Zu den Strafvorschriften über Konterbande gehören auch jene über die Haftung für die Geldstrafen und Kosten, wenn auch die Haftung nicht an den Nachweis einer schuldhaften Beteiligung am Schmuggel geknüpft ist. Die Vorschrift beruht auf der Vermutung vorsätzlicher oder fahrlässiger Mitverschuldung; die Haftbarkeit stellt für die davon Betroffenen ein Strafübel dar, das nur im Strafverfahren verhängt werden kann. Die Haftbarkeit von Personenvereinigungen ist dem Zollstrafrecht nicht fremd. Wenn sie den Entlastungsbeweis führen wollen, kommt es auf Wissen und Nichtwissen ihrer gesetzlichen Vertreter an. Auch im Steuerstrafrecht ist die Haftbarkeit juristischer Personen ausgebildet. (II, 12. Dezember 1932.)

Amtl. Sammlg. S. 49—52.

Vgl. Bd. 16 S. 109; Bd. 21 S. 331; Bd. 22 S. 41; Bd. 54 S. 75; Bd. 58 S. 163; Bd. 60 S. 123; Bd. 61 S. 313.

12. **Rechtshängigkeit. Rechtskraft. Fortgesetzte Straftat. Verfahrensvoraussetzung.** Gegen den Schriftleiter einer kommunistischen Zeitung wurde im Dezember 1930 ein Verfahren vor dem Schwurgericht München wegen eines fortgesetzten Vergehens gegen die Verordnung des Reichspräsidenten vom 15. September 1923 eröffnet; am 17. April 1931 wurde er zu einer Gefängnisstrafe verurteilt. Im Januar 1931 war gegen ihn ein Verfahren wegen Vorbereitung des Hochverrats vor dem Reichsgericht eröffnet worden; dieses umfaßte auch die Zeitungsartikel, auf die sich das Urteil des Schwurgerichts bezog. Gegen das Urteil hatte der Angeklagte Revision eingelegt. Das Reichsgericht stellte dieses Verfahren ein. Nach der neueren Rechtsprechung über die Verfahrensvoraussetzungen sind die Tatsachen, die der Einleitung oder Durchführung eines Verfahrens entgegenstehen, in jeder Verfahrenslage von Amts wegen zu berücksichtigen; das Revisionsgericht darf an ihnen auch dann nicht vorübergehen, wenn sie nicht ausdrücklich gerügt worden sind. Die Tatsache, daß anderwärts ein Verfahren anhängig ist, hindert die Einleitung eines neuen Verfahrens. Das gegenwärtige Verfahren war früher anhängig geworden als das vor dem Reichsgericht schwebende. Nach dem Grundsatz der Prävention hätte hiernach das letztere Verfahren eingestellt und das Revisionsverfahren durchgeführt werden müssen. Ausnahmslos kann aber dieser Grundsatz nicht gelten, insbesondere dann nicht, wenn in dem später anhängig gewordenen Verfahren die Straftaten des Angeklagten aus einem umfassenderen Gesichtspunkt gewürdigt werden und die Handlung, die den Gegenstand des früher anhängig gewordenen Verfahrens bildet, nur als Einzelhandlung einer Sammelstraftat erscheint. Das gleiche gilt für das Verhältnis der fortgesetzten Handlung zur Einzelhandlung; auch hier ist der Richter gezwungen, alle Einzelhandlungen in den Fort-

setzungszusammenhang einzubeziehen und die rechtskräftige Verurteilung wegen einer fortgesetzten Straftat schließt die nochmalige Anhängigmachung und Verurteilung wegen einer in diesen Zusammenhang gehörenden Handlung selbst dann aus, wenn der Richter diese nicht gekannt hat. Im gegebenen Fall hatte allerdings das Schwurgericht schon den Angeklagten wegen eines fortgesetzten Vergehens verurteilt; trotzdem griff das vor dem Reichsgericht anhängige Verfahren weiter. Die Einstellung erging unter dem Vorbehalt, daß sich nicht das Verfahren vor dem Reichsgericht erledige. (I, 13. Dezember 1932.) Amtl. Sammlg. S. 53—57.
Vgl. Bd. 29 S. 174; Bd. 35 S. 367; Bd. 37 S. 55; Bd. 41 S. 108; Bd. 52 S. 259; Bd. 59 S. 54; Bd. 62 S. 13; Bd. 64 S. 17, 151, 187; Bd. 66 S. 19, 173.

13. Erweitertes Schöffengericht. Zuständigkeit. Revision. Verfahrensrüge. (GVG. § 29; StPO. §§ 338, 340; RPrVO. vom 14. Juni 1932 Teil I Kap. I Art. 1 § 1 Nr. 3.) Am 7. Juni 1932 wurde gegen einen Angeklagten das Hauptverfahren wegen eines Sittlichkeitsverbrechens vor dem Schöffengericht eröffnet; auf Antrag des Staatsanwalts wurde ein zweiter Richter beigezogen. Die Verhandlung fand am 4. Juli 1932 statt. Der Staatsanwalt legte Revision ein mit der Begründung, daß durch die Verordnung des Reichspräsidenten vom 14. Juni 1932 das erweiterte Schöffengericht mit Wirkung vom 1. Juli 1932 aufgehoben worden sei und daß die Verhandlung vor der großen Strafkammer hätte stattfinden müssen. Das Oberlandesgericht erklärte sich für unzuständig und verwies die Sache an das Reichsgericht. Dieser Beschluß war für das Reichsgericht bindend, obwohl es seine Richtigkeit nicht anerkannte. Es verwarf die Revision. Ob das Schöffengericht zuständig war, hätte von Amts wegen geprüft werden müssen, auch wenn der Mangel nicht gerügt wird. Es bedurfte darum auch keiner Prüfung, ob ein solcher Mangel im Wege der Revision hätte geltend gemacht werden können. Das Reichsgericht bemerkte, daß die Frage hätte bejaht werden müssen, da die Vorschriften für die Sprungrevision für das ganz anders gestaltete Rechtsmittel der Wahlrevision nach der Verordnung vom 14. Juni 1932 nicht anwendbar sind, die Wahlrevision also auch auf Verfahrensmängel gestützt werden kann.

Das erweiterte Schöffengericht hatte seine Zuständigkeit mit Recht angenommen, weil das Hauptverfahren vor ihm schon eröffnet war, als die Verordnung vom 14. Juni 1932 in Kraft trat; für dieses Verfahren bleiben die erweiterten Schöffengerichte trotz ihrer Aufhebung fortbestehen. (II, 15. Dezember 1932.) Amtl. Sammlg. S. 57—59.

14. **Schnellverfahren vor der Strafkammer. Fehlen des Eröffnungsbeschlusses. Urteilsvoraussetzung. Verzicht auf Mängelrüge.** (StPO. § 212; RPrVO. vom 4. Januar 1924; RPrVO. vom 14. Juni 1932 über Maßnahmen auf dem Gebiete der Rechtspflege und Verwaltung Teil I Kap. I Art. 1 § 1 Nr. 1, 2, 3; RPrVO. vom 14. Juni 1932 gegen politische Ausschreitungen § 18.) In einer Hauptverhandlung vor der Strafkammer, zu der mehrere Beschuldigte auf Grund von Ladungen erschienen waren, erhob der Staatsanwalt gegen sie mündlich Anklage. Der Verteidiger widersprach nicht. Es wurde ohne einen Eröffnungsbeschluß in die mündliche Verhandlung eingetreten. Das Reichsgericht hob das Urteil auf. Die Vorschrift über das Schnellverfahren galt ursprünglich nur für geringfügige Strafsachen; durch die Verordnung vom 4. Januar 1924 wurde sie auch auf schwerere Straftaten ausgedehnt. Über die Bedenken, die hiegegen bestanden, setzte man sich mit der Erwägung hinweg, daß immerhin das Schnellverfahren nur vor dem Amtsrichter oder dem Schöffengerichte möglich sei und daß durch die Berufung eine neue tatsächliche Würdigung herbeigeführt werden könne. Durch die Verordnung vom 14. Juni 1932 sind die erweiterten Schöffengerichte aufgehoben und ihre Zuständigkeit auf die großen Strafkammern übertragen worden. Das bedeutete nicht, daß vor diesen das vor den erweiterten Schöffengerichten zugelassene Schnellverfahren anwendbar sei; das Fehlen einer Berufungsmöglichkeit spricht hiegegen. Auch aus der Vorschrift, daß auf die Hauptverhandlung vor der großen Strafkammer in erster Instanz die vor dem Schöffengericht geltenden Vorschriften Anwendung finden, läßt sich die Zulässigkeit des Schnellverfahrens nicht herleiten. Nach der Verordnung vom 14. Juni 1932 gegen politische Ausschreitungen ist das Schnellverfahren auch dann zulässig, wenn der Beschuldigte sich weder freiwillig stellt noch vorgeführt wird; im übrigen ist aber vorausgesetzt, daß das Schnellver-

fahren zulässig ist. Da es hiernach an wesentlichen Verfahrensvoraussetzungen fehlte, war das Verfahren einzustellen. Daß der Verteidiger den Mangel nicht gerügt hatte, war belanglos, da die Verfahrensvoraussetzungen von Amts wegen zu prüfen sind. Die Entscheidung stand der Erhebung einer ordnungsmäßigen Anklage nicht entgegen, da sie keine sachliche Erledigung des Straffalls darstellte. (III, 19. Dez. 1932). Amtl. Sammlg. S. 59—62.

15. Konkursvergehen. Einheitliche Handlung. Fortsetzungszusammenhang. Auslieferung. Spezialität. Rechtsmittel. Reformatio in peius. (KO. § 239; DepG. §§ 9, 10, 11; StGB. §§ 73, 246.) Ein Kaufmann flüchtete nach Einstellung seiner Zahlungen ins Ausland. Über sein Vermögen wurde der Konkurs eröffnet. Es wurde Haftbefehl gegen ihn wegen vier Vergehen der ungetreuen Depotverfügung in Tateinheit mit Unterschlagung und betrügerischem Bankerott erlassen. Das Landgericht verurteilte den Angeklagten wegen eines Vergehens der ungetreuen Depotverfügung und erklärte die Strafverfolgung im übrigen für unzulässig, weil es glaubte, die Auslieferung auf die anderen Handlungen nicht erstrecken zu können. Auf die Revision des Angeklagten hob das Reichsgericht das Urteil auf und verwies die Sache zurück. Für die neue Verhandlung gab es folgende Anweisung: Durch die Zahlungseinstellung oder Konkurseröffnung werden an sich getrennte Handlungen, auch soferne sie gegen verschiedene Strafgesetze verstoßen, zu einer Einheit vereinigt. War diese Einheit für die rechtswidrigen Verfügungen des Angeklagten über die ihm anvertrauten fremden Wertpapiere zu verneinen, so war zu prüfen, ob zwischen den Handlungen ein Fortsetzungszusammenhang obwaltete, wie ein solcher durch die Einheitlichkeit des Vorsatzes und Gleichartigkeit der Begehungsform, also grundsätzliche Erfüllung desselben Tatbestandes, hergestellt wird. Da nur der Angeklagte Revision eingelegt hatte, durfte auch bei Erstreckung des Urteils auf die anderen Straftaten keine schwerere Strafe als im angefochtenen Urteil ausgesprochen werden. (II, 22. Dezember 1932.)

Amtl. Sammlg. S. 63—64.

Vgl. Bd. 34 S. 239; Bd. 36 S. 194; Bd. 46 S. 306; Bd. 48 S. 118; Bd. 51 S. 308; Bd. 55 S. 134; Bd. 58 S. 20, 305; Bd. 64 S. 20, 279; Bd. 66 S. 50.

16. Präservativ. Vergehen wider die Sittlichkeit. Verletzung von Sitte und Anstand. (StGB. § 184 Nr. 3a.) Präservative wurden in Druckschriften angepriesen. Das Schöffengericht sprach von der Anklage eines Vergehens wider die Sittlichkeit frei, weil der Inhalt der Druckschriften keine Verletzung von Sitte oder Anstand bedeute. Wenn aber das Gesetz von der Weise der Ankündigung oder Anpreisung eines Gegenstandes spricht, umfaßt dieser Ausdruck nicht nur den Inhalt der in Frage kommenden Werbeschriften, also deren Worte, Bilder oder Zeichen, vielmehr sind darunter auch alle übrigen Umstände zu verstehen, die neben dem Inhalt dazu beitragen und dazu benutzt werden, das Publikum von dem Vorhandensein, den Eigenschaften oder den Gelegenheiten zum Erwerb dieser Gegenstände zu unterrichten. Ob und wieweit jemand bei seinem Tun und Lassen auf einem bestimmten Gebiet dem Urteil seiner Mitmenschen über das, was sich gehört, geziemend und schicklich ist, Rücksicht schuldet und sein eigenes Verhalten der Auffassung der anderen unterzuordnen oder anzupassen hat, bestimmt sich vor allem nach der herrschenden Meinung über das, was Anstand und Sitte gebieten. Das Schöffengericht hatte nicht etwa angenommen, daß die festgestellte Art der Werbung nur dem ungesunden oder überzarten Empfinden Einzelner oder doch nur einer unbeachtlichen kleinen Minderheit widerstrebe und schwer erträglich erscheine, es war aber auch nicht davon ausgegangen, daß die Ablehnung einer solchen Reklame einer verständigen und unvoreingenommenen Überlegung nicht standhalte, sich vielmehr als innerlich unberechtigt und haltlos erweise. War aber weder das eine noch das andere der Fall, so ergab sich daraus, daß die Vertriebsweise der Präservative Sitte und Anstand verletzte. Das Schöffengericht hatte außerdem unerörtert gelassen, ob nicht die Austeilung und Verwendung der im Urteil beschriebenen Einwickelpapiere rechtlich bedenklich war, besonders wenn diese wahllos bei der Verabfolgung beliebiger Waren und an beliebige Personen verwendet wurden. Die Sache wurde zurückverwiesen. (II, 23. Dezember 1932.) Amtl. Sammlg. S. 65—66.

17. Lotterielos. Betrug. (StGB. § 263; BGB. §§ 929, 932; HGB. § 366.) Ein Kaufmann bezog von einem Lotterieeinnehmer Lose zum Absatz bei seinen Bekannten. Er verkaufte diese Lose, verschwieg aber, daß die vorhergehenden Klassen dafür noch zu zahlen waren, und behielt das eingenommene Geld für sich. Seine Verurteilung wegen Betrugs wurde vom Reichsgericht nicht bestätigt. Lotterielose haben die rechtliche Bedeutung von Inhaberpapieren; das Eigentum an ihnen wird nach den Vorschriften des bürgerlichen Rechts und des Handelsrechts übertragen. Die Käufer erwarben sonach, obwohl die Lose nicht Eigentum des Angeklagten waren, das Eigentum daran, wenn sie beim Erwerb gutgläubig annahmen, daß der Angeklagte Eigentümer sei oder doch als Kaufmann das Recht habe, über die Lose für den Eigentümer zu verfügen. Mit dem Eigentum an den Losen erwarben sie auch einen Anspruch auf Gewinnbeteiligung nach dem Verlosungsplan, waren also durch den Erwerb der Lose in ihrem Vermögen nicht beschädigt. Fehlte ihnen der gute Glaube, so lag eine Irrtumserregung nicht vor und war der Tatbestand des Betrugs aus diesem Grunde nicht erfüllt. Nur wenn ihnen der Mangel des Eigentums und des Verfügungsrechts zufolge grober Fahrlässigkeit unbekannt war, konnte ein Betrug zu ihrem Nachteil angenommen werden. Möglich war das Vorliegen eines Betrugs zum Nachteil des Lotterieeinnehmers, wenn dieser verpflichtet war, die ihm zum Verkauf übergebenen, aber nicht abgesetzten Lose, wenn sie nicht vor der Ziehung der Lotteriedirektion zurückgegeben wurden, selbst zu bezahlen. Wenn der Angeklagte sich die Lose mit der Absicht geben ließ, sie zu veräußern und den Erlös für sich zu behalten, wurde der Lotterieeinnehmer durch das Vorgehen des Angeklagten getäuscht und geschädigt. (II, 9. Januar 1933.) Amtl. Sammlg. S. 67—70.

18. **Unterschlagung. Beihilfe. Hehlerei. Betrug. Nachtat. Kommissionsware.** (StGB. §§ 49, 246, 259, 263.) Eine Frau erhielt Schmucksachen zum kommissionsweisen Verkauf. Als sie abrechnen sollte, hatte sie den nötigen Geldbetrag nicht beisammen. Sie trat nun mit einem Händler in Verbindung und übergab diesem einen Teil der Schmucksachen mit dem Auftrag, sie zu Geld zu machen. Der Händler wußte, daß es sich um Kommissionsware handelte und daß die Frau das Geld zur Zahlung ihrer Schulden verwenden wolle. Er wurde wegen fort-

gesetzter Hehlerei verurteilt. Seine Revision wurde verworfen, die Begründung des Urteils des Landgerichts aber zum Teil nicht gebilligt. Es hatte das Verhalten der Frau als Unterschlagung beurteilt, während es in Wirklichkeit zum Teil den Tatbestand des Betrugs erfüllte, denn die Frau hatte gerade die wertvollsten Schmuckstücke sich in der Absicht geben lassen, sich alsbald durch deren Verschleuderung Geld zu verschaffen. Ob das der Angeklagte wußte, stand an sich seiner Verurteilung wegen Hehlerei nicht entgegen; zu prüfen war aber, ob sein Verhalten nicht als Beihilfe zu würdigen war. Hehlerei kann nur an Sachen begangen werden, die ein anderer durch eine strafbare Handlung erlangt hat. Wenn die Abnahme der Sache durch den Angeklagten mit der Unterschlagung durch die Frau zusammenfiel, lag Beihilfe zur Unterschlagung vor. Das Landgericht hatte angenommen, daß die Unterschlagung schon in dem Zeitpunkt begangen worden sei, da die Frau die Stücke, durch deren Verschleuderung sie sich Geld verschaffen wollte, aus dem Kommissionslager auswählte und an sich nahm, um sie sofort zu dem Angeklagten zu bringen. Dieser Auffassung trat das Reichsgericht nicht bei. Der Wille, die Schmuckstücke zu veräußern, blieb zunächst ihre rein innere Angelegenheit; da sie die Sachen zum kommissionsweisen Verkauf übertragen erhalten hatte, mußte sie ja in dieser Weise mit ihnen verfahren. Es waren aber noch andere Umstände festgestellt, aus denen sich die Erkennbarkeit ihres Aneignungswillens ergab. Sie hatte mit dem Angeklagten regelmäßig für die Aushändigung der Schmuckstücke ein Zusammentreffen in einer Wirtschaft vereinbart. Spätestens mit dem Zusammentreffen wurde erkennbar, daß sie den Willen hatte, über die Sachen pflichtwidrig wie eine Eigentümerin zu verfügen. Auf Grund dieses Sachverhalts wäre zunächst beim Angeklagten Beihilfe zu dieser Unterschlagung (und Untreue) anzunehmen gewesen und zwar auch hinsichtlich der Schmuckstücke, welche die Frau durch Betrug erlangt hatte. Das Verhalten des Angeklagten konnte nicht als strafloser Versuch der Beihilfe zum Betrug, von dem er nichts wußte, angesehen werden. Wenn auch die Frau die Sachen durch Betrug schon zu ihrer Verfügung erhalten hatte, verfügte sie doch, indem sie dieselben dem Angeklagten übergab, rechtswidrig über fremdes Eigentum. Das war zwar bei ihr nicht als Unterschlagung zu strafen, bildete vielmehr eine straflose Nachtat. Aber die Veräußerung entbehrte gleichwohl nicht der strafrechtlichen Bedeutung, da sie den Eingriff in das Eigentum weiterführte und verstärkte und so einen Bestandteil des strafbaren Gesamttuns bildete. Da zwischen der Frau und dem Angeklagten Einverständnis über die ganze Sachbehandlung bestand, die Frau also damit rechnen konnte, daß sie für alle Schmuckstücke, die sie sich auf betrügerische Weise verschaffte, in dem Angeklagten einen jederzeit bereiten Gehilfen zum Absatz habe, wirkte auch der Angeklagte zu der rechtswidrigen Zueignung der Sachen mit, leistete ihr also Beihilfe; für die Beurteilung seiner Tat mußte aber von der Besonderheit abgesehen werden, daß die Frau sich die Sachen auf betrügerische Weise verschafft hatte. Das schloß aber nicht aus, daß sein Handeln auch als Hehlerei zu beurteilen war, da wenigstens Teile dieses Handelns der strafbaren Erlangung der Sachen durch die Frau nachfolgten. Da er um die Widerrechtlichkeit des ganzen Vorgehens der Frau wußte, konnte er schon in der Aussonderung der Stücke aus dem Kommissionsgut ihren Einigungswillen erkennen; auch konnte zwischen der Aneignungshandlung und dem Erwerb der Sachen durch den Angeklagten ein Zwischenraum liegen. Die hiernach gegebene Hehlerei konnte mit der Beihilfe zur Unterschlagung und Untreue in rechtlichem oder sachlichem Zusammenhang stehen. Soweit der Angeklagte zum Absatz mitgewirkt hatte, kam jeweils eine Mehrheit von einzelnen Tätigkeiten in Betracht; es konnte sich also fragen, in welchem Verhältnis die Übernahme der Sachen zum Absatz und die sich anschließende Durchführung des Auftrags zueinander standen. Mehrere einzelne, sei es mit, sei es ohne Erfolg vorgenommene Ausführungshandlungen des Mitwirkens zum Absatz bilden eine fortgesetzte Handlung, in die auch schon die Annahme des Auftrags zum Vertrieb fällt. Nach all dem unterlag die Annahme des Landgerichts keinen rechtlichen Bedenken, daß der Angeklagte sich an den Schmuckstücken, welche die Frau, sei es durch Unterschlagung und Untreue, sei es durch Betrug, erlangt hatte, der fortgesetzten Hehlerei schuldig machte. Es war dafür rechtlich ohne Belang, daß sich vielleicht nicht für jedes einzelne Schmuckstück die gerade dafür zutreffende Sachlage genau feststellen ließ; für das Endergebnis war es auch bedeutungslos, wenn eine solche genaue Feststellung hinsichtlich einzelner Schmuckstücke keinen Hehlerei-Tatbestand nachwies, da es sich insoweit gegenüber dem Gesamttun des Angeklagten nur um Fälle von untergeordneter Bedeutung handelte. Daß er nicht auch wegen fortgesetzter Beihilfe zur Unterschlagung und Untreue verurteilt worden war, beschwerte den Angeklagten nicht. (I, 10. Januar 1933.)

Amtl. Sammlg. S. 70—80.

Vgl. Bd. 2 S. 69; Bd. 11 S. 37, 61; Bd. 40 S. 199; Bd. 54 S. 124; Bd. 55 S. 58, 145; Bd. 57 S. 42; Bd. 58 S. 230; Bd. 62 S. 61.

19. **Meineid. Tätige Reue. Widerruf. Selbstanzeige. Einleitung der Untersuchung. Gesetzesauslegung.** (StGB. §§ 158, 163.) Eine Frau wurde in einer Strafsache wegen Diebstahls als Zeugin vernommen und sagte auf Eid wissentlich die Unwahrheit aus. Die Angeklagten, die sie hiezu angestiftet hatten, wurden gleichwohl verurteilt. Sie legten Berufung ein. Vor der Berufungsverhandlung erschien die Frau beim Landjägerposten und erstattete Selbstanzeige. Der Landjäger leitete die Anzeige an den Staatsanwalt; dieser veranlaßte die Absetzung des Termins für die Berufungsverhandlung und stellte Antrag auf Voruntersuchung wegen Meineids und Anstiftung dazu. Die Frau wurde wegen Meineids verurteilt; eine Strafmilderung wegen Selbstanzeige wurde abgelehnt, weil die Selbstanzeige an das Gericht erst gelangte, nachdem die Staatsanwaltschaft schon eine Untersuchung eingeleitet hatte. Das Reichsgericht verwies die Sache zurück. Das gesetzgeberische Ziel der Vorschrift über Straflosigkeit oder Strafmilderung wegen Selbstanzeige beim Meineid oder Falscheid geht dahin, durch ganzen oder teilweisen Verzicht auf den schon entstandenen Strafanspruch einen Widerruf falscher eidlicher Angaben zu fördern, hierdurch der Wahrheit zum Siege zu verhelfen und etwaige von der Eidesverletzung drohende Nachteile abzuwenden. Wegen dieses Zweckes des Gesetzes ist diesem Strafausschließungs- und Strafmilderungsgrund die umfassendste Geltung einzuräumen, die sich überhaupt mit dem Wortlaut der Vorschrift vereinigen läßt. Das gilt vor allem von der Voraussetzung, daß der Täter die falsche Teilaussage

bei der Behörde widerruft, bei der er sie abgegeben hat. Erscheinen mehrere organisatorisch an sich verschiedene Behörden auf Grund der gesetzlichen Ordnung des Verfahrens in ihrer Gesamtheit als diejenige Behörde, bei der die falsche Aussage abgegeben ist, also als Organe dieser höheren Einheit, so ist schon ein Widerruf, der einem dieser Organe unmittelbar oder mittelbar zugänglich gemacht wird, gegenüber jener Gesamtheit wirksam erklärt; ein der Staatsanwaltschaft beim Berufungsgericht gegenüber erklärter Widerruf ist also mit dem Augenblick wirksam, in dem er mit der Bestimmung der Verwertung im Berufungsverfahren an diese gelangt, mag er auch dem Berufungsgericht erst später zur Kenntnis kommen. In diesem Zeitpunkt war gegen die Angeklagten auch noch keine Untersuchung eingeleitet. Der Begriff der Einleitung der Untersuchung ist nicht aus den Vorschriften zu begrenzen, die dem Gebiet des Strafverfahrens angehören; vielmehr ist eine Untersuchung eingeleitet, sobald eine zur Verfolgung strafbarer Handlungen zuständige Behörde amtlich einschreitet, mag dieses Vorgehen auch nur in staatsanwaltschaftlichen oder polizeilichen Ermittlungen bestehen. Untersuchungshandlungen, die eine zur Verfolgung strafbarer Handlungen zuständige Behörde nicht von sich aus oder auf Grund einer fremden Anzeige, sondern ausschließlich auf Grund der den Widerruf enthaltenden Selbstanzeige vornimmt, fallen aber nicht unter den Begriff. (I, 13. Januar 1933.) Amtl. Sammlg. S. 81—90. Vgl. Bd. 6 S. 82; Bd. 9 S. 333; Bd. 17 S. 341; Bd. 21 S. 8; Bd. 25 S. 366; Bd. 27 S. 148; Bd. 34 S. 422; Bd. 42 S. 65; Bd. 58 S. 424; Bd. 61 S. 123; Bd. 64 S. 215.

20. **Urkundenfälschung. Zahlkarte.** (StGB. §§ 267, 268, 348.) Die Frau eines Postagenten, die als seine Vertreterin bestellt war, behielt in mehreren Fällen Zahlkarten und die dafür eingezahlten Beträge zurück. Um ihr Verhalten zu verschleiern, vernichtete sie die Zahlkarten und fertigte an deren Stelle neue an, die ein späteres Datum als die ursprüngliche Zahlkarte trugen. In einigen Fällen entdeckte der Agent die zurückgebliebenen Zahlkarten. Er fertigte neue mit einem späteren Datum an und gab sie seiner Frau zur Abstempelung und Weiterleitung an das Postamt. Diese behandelte sie entsprechend. Gegen den Agenten wurde ein Verfahren wegen Urkunden-

fälschung im Amt eingeleitet. Das Berufungsgericht verurteilte ihn wegen einfacher Urkundenfälschung. Das Reichsgericht verwies die Sache zurück. Es war nicht geprüft worden, ob die Frau des Angeklagten durch die Anbringung der ein falsches Datum enthaltenden Aufgabestempel auf den linken Abschnitt der neu angefertigten Zahlkarten die Merkmale einer strafbaren Handlung verwirklicht hatte. Das war zu bejahen. Der Aufgabestempel, den der Postbeamte über die vom Absender herrührenden Vermerke auf dem linken Abschnitt der Zahlkarte zu setzen hat, beweist zu öffentlichem Glauben, daß die Post die dort bezeichnete Summe an dem im Aufgabestempel genannten Tag zur Gutschrift auf dem Konto des Postscheckkunden empfangen hat. Der Abschnitt stellt nicht zwei getrennte Urkunden, nämlich eine die Vermerke des Absenders tragende Privaturkunde und eine durch den Aufgabestempel gebildete öffentliche Urkunde dar, sondern eine einheitliche öffentliche Urkunde. Durch den Abschnitt soll der Nachweis geführt werden, daß die Post an dem durch den Stempel bezeichneten Tag die Verpflichtung übernommen hat, die eingezahlte Summe dem Postscheckkunden gutzuschreiben, dessen Kontonummer auf dem Abschnitt angegeben ist. Sobald der Stempel auf den Abschnitt gesetzt worden ist, liegt keine Privaturkunde mehr vor. Da das Berufungsgericht die Handlungen der Frau des Angeklagten nicht unter diesem Gesichtspunkt gewürdigt hatte, war auch die weitere Prüfung unterblieben, ob die Angeklagte zu der von ihr verübten Urkundenfälschung im Amte wissentlich Hilfe geleistet hatte. (III, 16. Januar 1933.)

Amtl. Sammlg. S. 90—93.

Vgl. Bd. 42 S. 287; Bd. 55 S. 181; RMG. Bd. 20 S. 168.

21. **Vorfahrtrecht.** (KraftfahrzVO. §§ 23, 24.) An einer Straßenkreuzung kamen ein Lastkraftwagen und ein Motorradfahrer zusammen. Der Lastkraftwagen hatte das Vorfahrtsrecht; der Motorradfahrer fuhr aber in die Kreuzung hinein und hielt erst unmittelbar vor dem Lastkraftwagen an. Seine Verurteilung wurde vom Reichsgericht bestätigt. Es konnte dahingestellt bleiben, ob der Angeklagte unter allen Umständen verpflichtet war, das Motorrad vor der Kreuzungsmitte zum Stehen zu bringen und seine Absicht dem Führer des Lastkraftwagens auch erkenntlich zu machen. Jedenfalls war er angesichts

der von ihm erkannten Tatsache, daß der Führer des Lastkraftwagens von seinem Vorfahrtrecht Gebrauch machen wollte, nicht berechtigt, ihn an diesem Beginnen zu hindern. Er mußte demgemäß nicht allein davon absehen, in der Zeit, während deren der Lastkraftwagenführer die Kreuzung durchfuhr, dasselbe zu versuchen und jenem dadurch möglicherweise den Weg zu versperren, sondern auch vermeiden, durch sein Gebaren bei jenem den Eindruck hervorzurufen, daß er einen derartigen Versuch unternehmen wolle. Schon das Erwecken einer solchen Befürchtung bedeutete eine Beeinträchtigung des Führers des Lastkraftwagens in seinem Recht, weil dieser bei der Durchführung seines Anspruchs mit der dringenden Gefahr eines Zusammenstoßes rechnen mußte. (II, 16. Januar 1933.) Amtl. Sammlg. S. 93—95.

22. **Rechtsmittel. Reformatio in peius. Ehrenrechtsverlust.** (StGB. §§ 32, 36; StPO. § 331.) Das Schöffengericht hatte auf eine Gefängnisstrafe von 3 Jahren und 6 Monaten und auf Verlust der bürgerlichen Ehrenrechte für die Dauer von 2 Jahren erkannt. Auf die Berufung des Angeklagten ermäßigte das Landgericht die Gefängnisstrafe auf 3 Jahre, setzte dagegen die Dauer des Ehrenrechtsverlusts auf 3 Jahre fest. Die von der Staatsanwaltschaft zugunsten des Angeklagten eingelegte Revision führte dazu, daß die Dauer des Ehrenrechtsverlustes auf die Dauer von 2 Jahren 6 Monaten herabgesetzt wurde. Die Dauer des Ehrenrechtsverlusts ist von dem Tag an zu berechnen, an dem die Freiheitsstrafe verbüßt ist; da die Wirkung des Verlusts schon mit der Rechtskraft des Urteils eintritt, wird die Dauer des Verlusts um die Zeitdauer der Hauptstrafe verlängert. Nach dem Urteil des Schöffengerichts hätte die Summe beider Strafen 5 Jahre 6 Monate betragen; demgemäß konnte das Berufungsgericht die Ehrenstrafe bis zur Höchstdauer von 2 Jahren und 6 Monaten bemessen. Ob der Verurteilte es schwerer empfand, daß er den Ehrenrechtsverlust zu einem erhöhten Teil erst nach der Verbüßung der Freiheitsstrafe zu ertragen hatte, mußte außer Betracht bleiben. (I, 24. Januar 1933.) Amtl. Sammlg. S. 95—97.

23. **Ablehnung von Beweisanträgen. Wahrunterstellung.** (StPO. § 155; RPrVO. vom 14. Juni 1932 Teil I Kap. I Art. 3 § 1.) In der Berufungsver-

handlung war beantragt worden, eine Zeugin darüber zu vernehmen, daß sie verschiedene Strafanzeigen gegen die Hauptbelastungszeugin nicht im Auftrag oder Einverständnis der Angeklagten gemacht habe. Das Landgericht lehnte die Vernehmung der Zeugin darüber, daß sie die Anzeigen nicht im Auftrag der Angeklagten gemacht habe, mit der Begründung ab, daß die behauptete Tatsache als wahr unterstellt werde. Im Urteil wurde hiezu ausgeführt, es sei als wahr unterstellt worden, daß die Anzeigerin nicht unmittelbar von der Angeklagten beauftragt worden sei, daß aber die Anzeigen doch offensichtlich in ihrem Einverständnis geschehen seien. Das Reichsgericht hob das Urteil auf. In der Verhandlung vor dem Landgericht im Berufungsverfahren bestimmt das Gericht den Umfang der Beweisaufnahme nach freiem Ermessen; eine Ablehnung eines Beweisantrags ohne Begründung oder mit einer widerspruchsvollen oder durch Rechtsirrtum beeinflußten Begründung kann aber zur Aufhebung des Urteils führen. Das Berufungsgericht hatte den Antrag, die Zeugin darüber zu vernehmen, daß sie die Anzeigen nicht im Einverständnis mit der Angeklagten gemacht habe, ohne Begründung abgelehnt und dadurch, daß es die im Gerichtsbeschluß zugesagte Wahrunterstellung, die als vorweggenommene Begründung des Urteils anzusehen war, in den Urteilsgründen einschränkte, einen Widerspruch in die Begründung hineingetragen. Die Vernehmung eines anderen Zeugen war mit der Begründung abgelehnt worden, daß das Gegenteil der unter Beweis gestellten Tatsache für erwiesen erachtet werde. Eine solche Vorwegnahme des Beweisergebnisses ist an sich zulässig, aber nur, soweit dadurch nicht gegen die den ganzen Strafprozeß beherrschende Pflicht zur Wahrheitserforschung verstoßen wird. Der Zeuge, auf dessen Aussage die Wertlosigkeit der beantragten Vernehmung gestützt wurde, war der Ehemann der Hauptbelastungszeugin; gegen die Glaubwürdigkeit dieses Zeugen lagen erhebliche Bedenken vor. Bei solcher Sachlage war es nicht von der Hand zu weisen, daß das Gericht auf Grund seiner Pflicht zur Erforschung der Wahrheit sich von dem benannten Zeugen einen persönlichen Eindruck hätte verschaffen müssen. (I, 31. Januar 1933.)

Amtl. Sammlg. S. 97—99.

24. **Geldstrafe. Umwandlung.** (StGB. §§ 29, 73). Wegen Falschbeurkundung in Tateinheit mit einem Vergehen gegen das Tabaksteuergesetz wurde auf eine Zuchthausstrafe und eine Geldstrafe erkannt; die Geldstrafe wurde für den Fall der Uneinbringlichkeit in eine Zuchthausstrafe umgewandelt. Das war unzulässig. Eine Geldstrafe ist in Zuchthausstrafe umzuwandeln, wenn wegen derselben Handlung auf Zuchthaus und Geldstrafe erkannt worden ist. Im vorliegenden Fall war die Geldstrafe nicht wegen der Falschbeurkundung, sondern wegen des Steuervergehens ausgesprochen worden. Nach dem das Steuerstrafrecht beherrschenden Grundsatz der Strafenhäufung war sie neben die Zuchthausstrafe getreten; mit der wegen des Verbrechens verhängten Zuchthausstrafe stand sie nur in einem äußerlichen Zusammenhang. Sie hätte also in Gefängnis umgewandelt werden müssen. Eine andere Auffassung würde zu dem unannehmbaren Ergebnis führen, daß bei Wegfall der Zuchthausstrafe trotzdem die Umwandlung der Geldstrafe in Zuchthausstrafe bestehen bliebe. (III, 2. Februar 1933.)

Amtl. Sammlg. S. 99—101.
Vgl. Bd. 62 S. 125, 186.

25. **Öffentliches Leben.** (RPrVO. vom 8. Dezember 1931 Teil VIII Kap. III § 1.) Wegen Beleidigung eines Landrates wurde auf Grund der 4. Verordnung des Reichspräsidenten zur Sicherung von Wirtschaft und Finanzen und zum Schutz des inneren Friedens eine Strafe ausgesprochen. Das Reichsgericht hob das Urteil auf. Die Verordnung sieht einen besonderen Ehrenschutz für Personen vor, die im öffentlichen Leben stehen. Das trifft aber nicht auf alle Personen zu, die ein öffentliches Amt bekleiden oder für öffentliche Angelegenheiten tätig sind. Aus der Entstehungsgeschichte der Vorschrift ergibt sich, daß der Schutz sich nur auf Personen erstreckt, die das Leben der Volksgemeinschaft durch ihr Wirken auf den Gebieten der Politik, der Weltanschauung, der Wirtschaft, der Wissenschaft und der Kunst maßgebend beeinflussen und so die allgemeine Aufmerksamkeit auf sich lenken. (II, 2. Februar 1933.) Amtl. Sammlg. S. 101—107.

26. **Eheliches Güterrecht. Eingebrachtes Gut. Offenbarungseid.** (ZPO. §§ 807, 811, 850, 861; StGB.

§ 153.) In dem Vermögensverzeichnis, das zum Zwecke der Leistung des Offenbarungseides vorzulegen war, hatte der Schuldner ein Motorrad nicht angegeben, das zum eingebrachten Vermögen seiner Frau gehörte. Das Reichsgericht entschied, daß er dazu nicht verpflichtet war. Zum Vermögen des Angeklagten gehörte zwar das Recht des Gebrauchs, das ihm am eingebrachten Gut seiner Frau zustand, aber dieses Recht war der Pfändung nicht unterworfen. Ob er verpflichtet gewesen wäre, das Recht anzugeben, wenn er daraus Früchte gezogen hätte, konnte dahingestellt bleiben. (I, 3. Februar 1933.)

Amtl. Sammlg. S. 107—108.

27. **Versicherungsbetrug.** (StGB. § 265; VersVertr.-G. § 39.) Ein Bauer setzte seine mit Vorräten gefüllte Scheune in Brand. Die Scheune wie die Vorräte waren versichert; für die Versicherung der Vorräte waren aber die Prämien seit längerer Zeit nicht gezahlt worden. Gegen die Verurteilung wegen Versicherungsbetrugs wandte der Angeklagte ein, daß die Vorräte nicht mehr versichert gewesen seien. Da der Angeklagte mit der Prämienzahlung im Verzug war, bestand für die Vorräte kein Versicherungsschutz; der Versicherer war von der Verpflichtung zur Leistung der Schadenssumme frei. Der Versicherungsvertrag bestand aber fort, da er nicht gekündigt worden war. Das genügte, um die Verurteilung auch hinsichtlich der Vorräte zu rechtfertigen. Für die Annahme der betrügerischen Absicht des Angeklagten reichte es hin, daß der ihm vorschwebende Ablauf der Geschehnisse einen vollendeten Betrug ergeben hätte. (II, 6. Februar 1933.) Amtl. Sammlg. S. 108—110.

Vgl. Bd. 59 S. 247.

28. **Unzüchtige Handlung. Sadismus.** (StGB. §§ 174, 176.) Ein Lehrer hatte Knaben durch Stockhiebe auf das Gesäß gezüchtigt, um einem widernatürlichen Trieb zu frönen, seine geschlechtliche Sinneslust zu erregen und zu befriedigen; zum Teil hatte er nachher die Knaben umarmt und geküßt. Er wurde wegen Körperverletzung in Tateinheit mit Verbrechen wider die Sittlichkeit verurteilt. Seine Revision wurde verworfen. Allerdings reicht die mit einer Handlung verbundene wollüstige Absicht des Täters für sich allein nicht hin, um eine Handlung unzüchtig zu machen; unrichtig ist aber die

Meinung, daß eine Handlung nur dann unzüchtig sei, wenn sie, ohne jede Rücksicht auf die innere Tatseite, also rein äußerlich genommen, das allgemeine Scham- und Sittlichkeitsgefühl verletzt. Die Entscheidung, ob eine Handlung unzüchtig ist oder nicht, ist bedingt durch die Rücksicht auf Personen, Verhältnisse, Ort, Zweckbestimmung u. dgl. So kann das Merkmal der Unzüchtigkeit gegeben sein, obwohl das rein äußerliche Tun die geschlechtliche Beziehung nicht verrät. Es ist daher nicht entscheidend, ob die Handlung gerade an den Geschlechtsteilen oder den sekundären Geschlechtsorganen oder am nackten Körper vorgenommen wird oder ob die Wollust des Täters oder die Absicht, Wollust zu erregen, erkennbar hervortritt. Die letztere Voraussetzung würde zu dem unmöglichen Ergebnis führen, daß unter Umständen die Handlung eines Täters, dessen wollüstige Absicht in der Miene oder sonst zum Ausdruck kommt, als unzüchtig anzusehen wäre, während dieselbe Handlung eines anderen, der seine Absicht zu verbergen versteht, nicht unzüchtig wäre. So sind Fälle denkbar, bei denen die äußerliche Handlung wegen ihrer harmlosen Erscheinungsform für sich allein nicht geeignet wäre, das Gefühl der Allgemeinheit zu verletzen, bei denen aber die noch hinzutretende wollüstige Absicht des Täters diese Verletzung hervorruft. Von besonderer Bedeutung ist das gerade für widernatürliche (sadistische oder masochistische) Handlungen. Der widernatürlich veranlagte Mensch kann die Erregung und Befriedigung der Geschlechtslust auf eine Weise finden, die dem natürlich veranlagten fremd und unverständlich ist, so daß die äußere Erscheinungsform ihn die ganze Bedeutung der Tat oft nicht erkennen läßt. Mit Recht hatte das Berufungsgericht die Handlungen als Ganzes genommen, sowohl das äußere Tun wie besonders auch Beweggrund und Zweck der Betätigungen einbezogen und geprüft, ob sie, so zusammengefaßt, die Eignung hatten, das allgemeine Anstands- und Sittlichkeitsgefühl in geschlechtlicher Beziehung zu verletzen. (II, 6. Februar 1933.) Amtl. Sammlg. S. 110—114.

Vgl. Bd. 22 S. 33; Bd. 30 S. 378; Bd. 63 S. 12; JW. 1925 S. 366; 1929 S. 1015.

29. **Devisen. Irrtum.** (DevVO. §§ 7, 18; StGB. § 59.) Wegen Verbringung von Geld ins Saargebiet ohne

Genehmigung wurde eine Strafe ausgesprochen. Der Angeklagte berief sich darauf, daß er die Genehmigungspflicht nicht gekannt und sich somit in einem außerstrafrechtlichen Irrtum befunden habe. Das Reichsgericht erklärte die Rüge für unbegründet. Nach § 7 DevVO. dürfen Zahlungsmittel und Wertpapiere nur mit schriftlicher Genehmigung der Stelle für die Devisenbewirtschaftung ins Ausland oder Saargebiet versandt und überbracht werden und nach § 18 wird bestraft, wer vorsätzlich der Vorschrift des § 7 zuwiderhandelt. Durch diese Fassung ist die Norm des § 7 zum unlösbaren Bestandteil des Strafgesetzes gemacht; es ist eine Strafrechtsnorm des Inhalts aufgestellt, daß, wer vorsätzlich Zahlungsmittel oder Wertpapiere ohne die erforderliche Genehmigung ins Ausland oder Saargebiet versendet oder überbringt, der angedrohten Strafe verfällt. Daß § 18 im Interesse der Kürze auf § 7 verweist, statt dessen Wortlaut zu wiederholen, ist ohne Bedeutung. Der Irrtum über das Bestehen der Genehmigungspflicht war demgemäß ein strafrechtlicher Irrtum. Unrichtig ist auch die Auffassung, Vorsatz im Sinne des § 18 DevVO. könne nur die bewußte, in Kenntnis der erlassenen Vorschriften begangene Zuwiderhandlung gegen diese bedeuten, so daß, wer in Unkenntnis der Vorschriften handle, nur wegen Fahrlässigkeit bestraft werden könne. (I, 7. Februar 1933.)

Amtl. Sammlg. S. 114—117.

Vgl. Bd. 37 S. 389; Bd. 50 S. 32; Bd. 64 S. 25.

30. Urkundenfälschung. Privatgutachten. Beweiserheblichkeit. (StGB. § 267.) Ein Eisenbahnbeamter, der einen Unfall erlitten hatte, erhob gegenüber der Reichsbahnverwaltung Anspruch auf eine Unfallpension. Sein Vertreter veranlaßte ihn, sich bei einem Universitätsprofessor untersuchen zu lassen; dieser erstattete darüber ein Gutachten, das der Reichsbahn vorgelegt wurde. Im weiteren Verlauf des Verfahrens brachte der Beamte noch ein Nachtragsgutachten des Professors bei. Dieses war von seinem Vertreter fälschlich angefertigt worden; der Beamte hatte hievon keine Kenntnis. Der Vertreter wurde wegen schwerer Urkundenfälschung verurteilt. Seine Revision hatte keinen Erfolg. Sie war darauf gestützt, daß das Schriftstück keine beweiserhebliche Urkunde gewesen sei, da das Gutachten erst dann Beweis erbracht hätte, wenn es im ordentlichen Verfahren beeidigt worden wäre. Für die Frage, ob ein privatschriftliches Gutachten oder Zeugnis beweiserheblich ist, kommt es aber nicht allein auf die Bedeutung an, die es in dem Verfahren gewinnen kann, für das es bestimmt ist; es ist vielmehr auch zu prüfen, ob nicht etwa die Urkunde in einem anderen Verfahren für den Beweis von Rechten und Rechtsverhältnissen ins Gewicht fallen könnte. Dabei ist nicht einmal erforderlich, daß sie für sich allein diesen Beweis zu erbringen geeignet ist; vielmehr genügt es, daß sie dafür erheblich ist, daß sie in Verbindung mit anderen, aus ihr selbst nicht ersichtlichen Tatsachen und Umständen den Beweis zu ergeben vermag. Das folgt aus dem Grundsatz der abstrakten Beweiserheblichkeit der Urkunden. Nur wenn sich ergibt, daß die Urkunde nach keiner Richtung Beweis für ein Recht oder Rechtsverhältnis liefern kann, fehlt es an dem Tatbestandsmerkmal der Beweiserheblichkeit. Die Reichsbahnverwaltung war berechtigt, auch unbeeidigten Gutachten Glauben zu schenken; somit war die Urkunde beweiserheblich. (III, 13. Februar 1933.)

Amtl. Sammlg. S. 117—120.

Vgl. Bd. 19 S. 174; Bd. 24 S. 395; Bd. 36 S. 400, Bd. 40 S. 144; Bd. 62 S. 218.

31. Schöffenauswahl. (GVG. §§ 40, 77.) Für eine Stadt war ein Beauftragter des Ministeriums zur Wahrnehmung der Verwaltungsgeschäfte bestellt worden; der Stadtrat war nicht aufgelöst, sondern ausgeschaltet worden. Der Beauftragte benannte auf Grund von Vorschlägen der Fraktionen des Stadtrates die Vertrauenspersonen für den Ausschuß zur Auswahl der Schöffen. Die Mitwirkung eines von diesem Ausschuß gewählten Schöffen bei einem Verfahren führte zur Aufhebung des Urteils. Der Sinn der Vorschrift geht dahin, daß eine Körperschaft der Selbstverwaltung, die durch Wahl des Volkes berufen worden ist, die Vertrauensperson benennen soll; nur wenn eine solche Körperschaft nicht vorhanden ist, soll die Benennung durch den Amtsrichter erfolgen. Der Beauftragte des Ministeriums konnte nicht als Vertreter der Gemeinde gelten; ihm die Benennung der Vertrauensperson zu übertragen, war mit dem Willen des Gerichtsverfassungsgesetzes unvereinbar. Das Landesgesetz hat zwar zu bestimmen, welche Vertretungen diese

Benennungen vorzunehmen haben, es darf damit nicht ein Organ betrauen, das überhaupt nicht als eine Vertretung angesehen werden kann. (I, 14. Februar 1933.) Amtl. Sammlg. S. 120—123.

32. Erweitertes Schöffengericht. Große Strafkammer. Zuständigkeit. Antrag. Auslegung. (GVG. §§ 25, 29; StPO. § 300; RAbgO. § 462; RPrVO. vom 14. Juni 1932 Teil I Kap. I Art. 1 § 1.) In einer Steuerstrafsache war ein Strafbescheid erlassen worden. Der Angeklagte hatte dagegen auf gerichtliche Entscheidung angetragen. Das Finanzamt stellte am 5. Juli 1932 den Antrag, die Sache vor dem erweiterten Schöffengericht zu verhandeln. Hiebei war übersehen, daß es seit dem 1. Juli 1932 kein erweitertes Schöffengericht mehr gab. Die Staatsanwaltschaft beantragte demgemäß, die Sache vor der großen Strafkammer zu verhandeln. Das war richtig. § 462 RAbgO., wonach das Finanzamt die Zuziehung eines zweiten Amtsrichters nur beantragen soll, wenn dies nach Umfang und Bedeutung der Sache notwendig erscheint, ist nicht aufgehoben. Die Vorschrift muß aber dahin umgedeutet werden, daß an die Stelle des erweiterten Schöffengerichts die große Strafkammer tritt. Der Sinn der Vorschrift ist, daß dem Finanzamt ein Weg eröffnet werden soll, die Sache zur Schlußentscheidung an das Reichsgericht zu bringen, um dort eine grundsätzliche Klärung von Zweifelsfragen zu erhalten. Anträge im Strafverfahren müssen so ausgelegt werden, daß der mit dem Antrag erstrebte Erfolg auch wirklich erreicht werden kann. (I, 21. Februar 1933.) Amtl. Sammlg. S. 123—125.

33. Strafantrag. Polizeidienst. (StGB. §§ 61, 196; StPO. §§ 98, 105, 158, 161, 163; GVG. § 152.) Der Bürgermeister einer hessischen Landgemeinde erstattete an seine vorgesetzte Behörde, das Kreisamt, einen Bericht, wonach er gegen einen Gemeinderat Klage auf dem Dienstweg wegen Beleidigung erhob und um Weitergabe der Sache an die Staatsanwaltschaft ersuchte. Das Kreisamt gab den Bericht an die Staatsanwaltschaft und stellte Strafantrag; die Schriftstücke liefen dort erst nach Ablauf der Antragsfrist ein. Die Strafkammer erkannte auf Einstellung des Verfahrens wegen Mangels eines rechtswirksamen Strafantrags. Das Reichsgericht verwies die Sache zurück. In seinem Bericht hatte der Bürgermeister

deutlich seinen Willen kundgegeben, daß der Angeklagte wegen der darin genau bezeichneten Beleidigung strafrechtlich verfolgt werde. Damit war den Erfordernissen, die an einen Strafantrag zu stellen sind, genügt, da das Kreisamt als eine Behörde des Polizei- und Sicherheitsdienstes zu erachten war und der Bericht deutlich zum Ausdruck brachte, daß der Bürgermeister nicht nur die Stellung eines Strafantrags anregen, sondern die alsbaldige Einleitung eines Strafverfahrens herbeiführen wollte. Unter Behörden des Polizei- und Sicherheitsdienstes sind nicht nur jene zu verstehen, die durch die Landesregierung zu Hilfsbeamten der Staatsanwaltschaft bestellt worden sind; daß die hessischen Kreisämter als solche Behörden anzusehen sind, ergibt sich aus den landesgesetzlichen Vorschriften zweifelsfrei. (I, 3. März 1933.)
Amtl. Sammlg. S. 125—130.
Vgl. Bd. 48 S. 274.

34. **Devisenverordnung. Notverordnungsrecht. Übertragungsbefugnis. Reichsregierung. Staatsvertrag. Tatort. Beihilfe. Gesetzeseinheit. Fortgesetzte Handlung. Aushändigung. Verfügung. Einziehung.** (RV. Art. 4, 45, 52, 57; DevVO. 1931 §§ 17, 18, 22; 2. DurchfVO. z. DevVO. § 2; 6. DurchfVO. z. DevVO. § 11; 7. DurchfVO. z. DevVO. § 1; StGB. § 40.) Eine englische Gesellschaft besaß große Reichsschuldbuchforderungen in Deutschland. Sie erwarb dafür Reichsbahnvorzugsaktien, hinterlegte sie bei einer deutschen Bank und beauftragte deren Inhaber, sie zu verkaufen. Der Auftrag wurde zum Teil ausgeführt. Die Inhaber der Bank wurden wegen Vergehens gegen die Devisenordnung verurteilt, die noch bei ihnen lagernden Aktien wurden eingezogen. Die Revision hatte keinen Erfolg. Sie bestritt vor allem die Rechtsgültigkeit der Durchführungsverordnungen, weil der Reichspräsident nicht berechtigt gewesen sei, die Befugnis zur Erlassung dieser Verordnungen auf die Reichsregierung zu übertragen. Dieser Einwand war nicht stichhaltig. Wenn auch der Reichspräsident die ihm durch die Reichsverfassung eingeräumten Befugnisse zur Erlassung von Notverordnungen nicht übertragen kann, so ist es doch statthaft, daß er seine Maßnahmen nur gegenständlich und in ihrer allgemeinen Richtung kundgibt und die weitere Ausgestaltung nachgeordneten Stellen überläßt. In die-

sem Rahmen kann er Rechtsverordnungen auch in der Weise erlassen, daß der Reichsregierung die nähere Ausführung wiederum im Wege der Rechtsverordnung überlassen bleibt; die Ermächtigung kann sich auch auf die Schaffung neuer strafrechtlicher Tatbestände erstrecken. So war im gegebenen Fall verfahren worden. Der Wirksamkeit der Durchführungsbestimmungen stand auch nicht entgegen, daß sie nur von den Reichsministern der Wirtschaft und der Finanzen, nicht von der ganzen Reichsregierung unterzeichnet waren. Regelmäßig ist auch bei Rechtsverordnungen, zu deren Erlassung die Reichsregierung durch Gesetz ermächtigt wird, der zuständige Minister befugt, für die Reichsregierung zu handeln, soferne nicht nach dem erkennbaren Willen des Gesetzgebers die ausdrückliche Zustimmung des Gesamtministeriums erforderlich sein soll. Zweck der Devisenordnung ist es, im Interesse der deutschen Volkswirtschaft den ungeregelten Abfluß von Devisen aus der deutschen Wirtschaft zu verhindern und die vorhandenen und anfallenden Devisen zweckmäßig zu bewirtschaften. Diesem Zwecke sollen die Durchführungsbestimmungen dienen, die im Rahmen der Hauptverordnung ergänzend eingreifen und Lücken ausfüllen sollen. Es kann nicht anerkannt werden, daß es der Absicht des Reichspräsidenten entsprochen habe, die Ermächtigung nur dem Gesamtministerium, nicht den zuständigen Reichsministern zu gewähren. Wenn auch die Devisenverordnung oft in das Wirtschaftsleben eingreift, handelt es sich doch nur um die Regelung eines verhältnismäßig begrenzten Gebiets und um zeitweilige Maßnahmen von vorübergehender Dauer. Die englische Gesellschaft hatte insbesondere geltend gemacht, daß die Devisenverordnung, insbesondere aber die 7. Durchführungsverordnung, soweit durch sie ausländischen und damit auch englischen Besitzern von Wertpapieren Verfügungsbeschränkungen auferlegt worden seien, im Widerspruch mit dem zwischen dem Deutschen Reich und den Vereinigten Königreichen von Großbritannien und Irland abgeschlossenen Handels- und Schiffahrtsverträgen stehe, worin den britischen Staatsangehörigen die freie Verfügung über ihre in Deutschland befindlichen Vermögensstücke zugesichert sei. Auch diesen Einwand hatte die Strafkammer mit Recht für unbegründet erachtet. Ob der Satz, das Völkerrecht schaffe nur Recht im Verhältnis zwischen den Staaten, gegenüber der Vorschrift des Art. 4 RVerf. aufrechterhalten werden kann, ließ das Reichsgericht dahingestellt. Jedenfalls kommt Verträgen mit fremden Staaten, die als Reichsgesetz verkündet worden sind, nicht nur im Verhältnis der Staaten untereinander, sondern auch unmittelbar gegenüber den Gerichten und Verwaltungsbehörden sowie gegenüber den einzelnen Rechtsuntertanen des Deutschen Reichs Rechtswirksamkeit zu. Das hindert aber nicht, daß mit innerstaatlicher Wirkung reichsgesetzliche Vorschriften erlassen werden, die eine von den Bestimmungen des Staatsvertrags abweichende Regelung enthalten; der Auffassung, daß Staatsverträge gegenüber späteren Reichsgesetzen als Sondergesetze anzusehen seien und ihnen deshalb vorgingen, trat das Reichsgericht nicht bei, ebensowenig der Auffassung, daß es zur Abänderung von Vorschriften, die in Staatsverträgen enthalten sind, auch im innerstaatlichen Verhältnis eines verfassungsändernden Reichsgesetzes bedürfe. Die Einziehung der Forderungen, die aus dem Verkauf der Aktien entstanden waren, durch den Angeklagten stellte sich als eine genehmigungspflichtige Verfügung über diese Forderungen dar. Nach allgemeinen Vorschriften des Bürgerlichen Rechts ist als Verfügung jedes Rechtsgeschäft anzusehen, das auf den betreffenden Gegenstand (im Rahmen der Devisengesetzgebung, insbesondere auf Zahlungsmittel und Forderungen) unmittelbar gerichtet ist und seine Rechtsbeziehungen ändert. Wenn auch eine Forderung durch die Leistung an den Gläubiger erlischt, ohne daß begrifflich eine Mitwirkung des Gläubigers erforderlich ist, so kann doch der Gläubiger durch die Verweigerung der Annahme der Leistung das Erlöschen der Forderung verhindern; durch die Annahme der Leistung ohne eine solche Verweigerung wird auf die Forderung durch Herbeiführung ihres Erlöschens unmittelbar eingewirkt. Durch die Einziehung der Forderung ohne Genehmigung der Stelle für Devisenbeschaffung wurde also der Tatbestand einer Verletzung der 7. DurchfVO. hergestellt. Die Handlung war nicht nur im Ausland, sondern auch im Inland begangen. Als Ort der Begehung einer strafbaren Handlung kommt jeder Ort in Betracht, an dem irgendein Teil des strafbaren Tatbestands verwirklicht worden ist, mag es sich um Ausführungshandlungen oder um tatbestandsmäßige Wirkungen handeln. Dabei ist der persönlichen Tätigkeit eine in mittelbarer Täterschaft (durch beauftragte Mittler) entwickelte Betätigung gleichzustellen; bei mittelbarer Täterschaft ist deshalb nicht nur der Ort der Betätigung des mittelbaren Täters, sondern auch der Ort maßgebend, an dem infolge der Tätigkeit der Mittelsperson die tatbestandsmäßigen Wirkungen der strafbaren Handlung eingetreten sind. Zwei Angestellte der Bank waren wegen Beihilfe zu einem Vergehen gegen § 1 der 7. DurchfVO. und als Täter eines damit in Fortsetzungszusammenhang stehenden Vergehens gegen § 2 der 1. DurchfVO. in der Fassung des § 11 der 6. DurchfVO. verurteilt worden, weil sie einem Vertreter der englischen Gesellschaft den Erlös aus dem Verkauf der Aktien übergeben hatten. Das Reichsgericht bemerkte hiezu, daß nach der Gesetzeslage zur Zeit der Tat die Übergabe von Zahlungsmitteln an einen inländischen Vertreter einer im Ausland ansässigen Person nicht genehmigungspflichtig war, daß aber die Verurteilung durch andere Erwägungen getragen werde; die Begründung hiefür ist nicht veröffentlicht. Zu rechtlichen Bedenken konnte die Annahme Anlaß geben, daß die Beihilfehandlungen in Fortsetzungszusammenhang mit dem von den beiden Angeklagten als Täter verübten Vergehen begangen worden seien. Ein Fortsetzungszusammenhang zwischen Beihilfe- und Täterhandlungen ist rechtsgrundsätzlich insoferne ausgeschlossen, als es an der für den Fortsetzungszusammenhang erforderlichen Einheit des Vorsatzes fehlt; bei der Täterschaft ist der Vorsatz auf die Begehung der Straftat als einer eigenen gerichtet, der Wille des Gehilfen dagegen geht nur dahin, die Haupttat eines anderen zu unterstützen. Durch die Annahme des Fortsetzungszusammenhangs waren aber die beiden Angeklagten nicht beschwert. In der Verhandlung vor dem Berufungsgericht hatte sich auch ergeben, daß der eine Angestellte ausgeloste und gekündigte Schuldverschreibungen, die der englischen Gesellschaft gehörten, eingelöst hatte. Das Berufungsgericht hatte es abgelehnt, hierüber zu entscheiden, da eine Anklage gegen ihn hiewegen nicht erhoben war. Diese Erwägung erklärte das Reichsgericht für verfehlt. Nach der Beurteilung, welche das Berufungsgericht dem für erwiesen erachteten Sachverhalt hatte angedeihen lassen, war das Verhalten des Angestellten nur als ein Teilakt der fortgesetzten Handlung anzusehen, wegen deren er verurteilt worden war. Das Berufungsgericht war aber (ebenso wie das Gericht des ersten Rechtszugs) verpflichtet, die einheitliche Tat nach allen tatsächlichen und rechtlichen Gesichtspunkten zu prüfen; es war dadurch, daß die Anklageschrift einzelne Teilhandlungen nicht erwähnte, nicht gehindert, auch sie zum Gegenstand der Aburteilung zu machen, gleichviel, welche Stellung das Schöffengericht dazu angenommen hatte. Der Angeklagte war aber durch die unrichtige Sachbehandlung nicht beschwert. Die Revision hatte auch darauf Gewicht gelegt, daß damals für die Verfügung über eine Forderung, die zugunsten einer im Ausland ansässigen Person infolge Auslosung oder Kündigung von Wertpapieren entstanden war, keine Genehmigungspflicht bestand. Einer Genehmigung bedurfte aber der Schuldner, der den Forderungsbetrag im Inland der im Ausland ansässigen Person selbst oder einem im Ausland ansässigen Vertreter aushändigen wollte; insoferne war die Einziehung der Forderung (nicht aber sonstige Verfügungen über sie) beschränkt. Möglich war damals eine Umgehung der Genehmigungspflicht in der Weise, daß die Auszahlung an einen im Inland ansässigen Vertreter der im Ausland ansässigen Person bewirkt wurde; diese Lücke im Gesetz wurde durch die Devisenverordnung vom 23. Mai 1932 beseitigt. Die weitere Annahme der Revision, daß § 1 der 7. DurchfVO. gegenüber dem § 11 der 6. Durchf.-VO. ein Sondergesetz darstelle, so daß der Tatbestand dieses Vergehens im Tatbestand jenes Vergehens aufgehe, wurde vom Reichsgericht nicht gebilligt. Gesetzeseinheit liegt vor, wenn bei einem Vergleich der Gesetzesvorschriften der eine Tatbestand zwar nicht begriffsnotwendig und daher ausnahmslos, wohl aber regelmäßig den anderen Tatbestand umfaßt. Von diesen Voraussetzungen konnte hier keine Rede sein. Zunächst betrifft § 1 der 7. Durchf.-VO. nur Forderungen, die aus dem Verkauf oder infolge von Auslosung oder Kündigung von Wertpapieren entstanden sind; die Aushändigung inländischer Zahlungsmittel im Sinne des § 11 der 6. DurchfVO. kann sich dagegen als eine Verfügung über Forderungen darstellen, die mit dem Verkauf oder der Auslosung oder Kündigung von Wertpapieren in gar keinem Zusammenhang steht. Anderseits sind auch Verfügungen über Forderungen im Sinne des § 1 der 7. DurchfVO. denkbar, bei denen die Aushändigung inländischer Zahlungsmittel nicht in Frage kommt. Die Annahme, daß eine nach § 1 der 7. Durchf.-VO. erteilte Genehmigung zur Verfügung über eine Forderung eine weitere Genehmigung zur Aushändigung des Forderungsbetrags gemäß § 11 der 6. DurchfVO. überflüssig mache, ist in dieser Allgemeinheit nicht richtig. Die Einziehung der noch bei der Bank liegenden Aktien war deshalb gerechtfertigt, weil nach den Feststellungen des Berufungsgerichts diese Aktien gleichfalls auf dem Inlandsmarkt verkauft werden sollten; sie waren also zu weiteren Teilhandlungen der fortgesetzten strafbaren Handlung bestimmt, die das Urteil erfaßte. Die strafbare Handlung bezog sich also auch auf sie. Durch § 18 DevVO. sollte die allgemeine Vorschrift des § 40 StGB. nicht eingeschränkt werden; hienach genügte aber für die Anordnung der Einziehung, daß die fraglichen Wertpapiere dazu bestimmt waren, durch Verkauf und ungenehmigte Verfügung über ihren Erlös der fortgesetzten Zuwiderhandlung gegen die Devisenvorschriften zu dienen. (II, 2. März 1933.) Amtl. Sammlg. S. 130—144. Vgl. Bd. 1 S. 274; Bd. 3 S. 316; Bd. 10 S. 420; Bd. 11 S. 20, 245; Bd. 13 S. 337; Bd. 19 S. 147; Bd. 20 S. 146, 169; Bd. 23 S. 155; Bd. 39 S. 258; Bd. 42 S. 421; Bd. 58 S. 121, 402; RGZ. Bd. 90 S. 395; Bd. 111 S. 247; Bd. 112 S. 8; JW. 1927 S. 907.

35. **Amnestie. Einstellung. Zuständigkeit. Politische Beweggründe. Wechsel der Gesetzgebung.** (StrafFreihG. §§ 1, 4, 10; TerrorVO. § 3; RPrVO. zur Erhaltung des inneren Friedens vom 19. Dezember 1932 §§ 14—17; St.-GB. § 2; StPO. §§ 345—347.) Auf Grund der Verordnung gegen politischen Terror vom 9. August 1932 war am 19. November 1932 eine Verurteilung erfolgt. Der Angeklagte legte Revision ein. Ehe die Akten dem Reichsgerichte vorgelegt wurden, erging das Gesetz über Straffreiheit vom 20. März 1932. Der Angeklagte beantragte die Einstellung des Verfahrens. Das Landgericht lehnte den Antrag ab. Das Kammergericht hob auf die Beschwerde des Angeklagten den Beschluß auf, weil das Landgericht für die Entscheidung nicht mehr zuständig

gewesen sei. Das Reichsgericht erklärte diese Auffassung für unrichtig. Zuständig für die Entscheidung ist das Gericht, bei dem das Verfahren anhängig ist. Auch nach Einlegung der Revision blieb das Verfahren beim Landgericht solange anhängig, bis die Akten durch den Oberreichsanwalt dem Reichsgericht vorgelegt wurden. Die gerichtliche Entscheidung über die Einstellung des Verfahrens führt nicht erst die Straffreiheit herbei, sondern stellt fest, daß auf Grund des Gesetzes schon Straffreiheit eingetreten ist. Alle auf Fortgang des Verfahrens gerichteten Schritte sind unzulässig, sobald die Voraussetzungen der Straffreiheit vorliegen. Diese Unzulässigkeit hat das Gericht von Amts wegen nicht berücksichtigt. Demzufolge durften die Akten nicht mehr dem Reichsgericht vorgelegt werden. Nachdem das geschehen war, hatte nunmehr das Reichsgericht die Frage der Straffreiheit zu prüfen. Es verneinte sie, weil sich kein Anhaltspunkt dafür ergeben hatte, daß die Straftat aus politischen Beweggründen begangen worden war. Hiefür reicht die Zugehörigkeit des Täters zu einer politischen Partei oder Richtung für sich allein nicht aus; die Tat muß vielmehr ihre Triebfeder in der Anschauung und Willensrichtung des Täters, in deren Beziehung auf eine politische Angelegenheit haben. Der Angeklagte hatte sich zur Zeit der Tat in einer Menschenmenge befunden, die sich aus Anlaß von Gewalttätigkeiten angesammelt hatte; nichts sprach aber dafür, daß er die Polizeibeamten an Amtshandlungen gegenüber jenen, die die Gewalttätigkeiten begangen hatten, oder gegenüber der angesammelten Menschenmenge hindern wollte. Er hatte sich nur gegen seine eigene Festnahme gewehrt; das brauchte nicht aus politischen Beweggründen geschehen zu sein. Ein Handeln aus politischen Beweggründen gehört begrifflich nicht notwendig zum Tatbestand der in der Verordnung gegen politischen Terror aufgeführten strafbaren Handlungen; die Überschrift der Verordnung kennzeichnet nur das Ziel, das durch sie erreicht werden soll. Die Vorschrift der Verordnung, auf Grund deren die Verurteilung erfolgt war, war durch die Verordnung zur Erhaltung des inneren Friedens aufgehoben worden. Welche Folge sich daraus ergab, hatte das Reichsgericht nicht zu entscheiden; es hatte nur zu prüfen, ob das zur Zeit der Aburteilung durch den Tatrichter geltende Recht richtig angewendet worden war. Es mußte dem Verurteilten überlassen werden, die in der Verordnung zur Erhaltung des inneren Friedens vorgesehenen Strafermäßigungen nach Verwerfung der Revision herbeizuführen. (II, 27. Februar 1933.)

Amtl. Sammlg. S. 145—149.
Vgl. Bd. 55 S. 193.

36. **Freie Willensbestimmung. Trunkenheit. Unzurechnungsfähigkeit.** (StGB. § 51.) Das Urteil des Landgerichts wurde aufgehoben, weil durch die bisherigen Feststellungen nicht jeder Zweifel darüber behoben war, ob sich nicht der Angeklagte zur Zeit der Begehung der Tat in einem Zustande krankhafter Störung der Geistestätigkeit befunden hatte, der seine freie Willensbestimmung ausschloß. Aus den Urteilsgründen ergab sich, daß der Angeklagte betrunken war, daß sich aber die Trunkenheit nicht bis zur Sinnlosigkeit steigerte. Das allein genügte nicht, um die Voraussetzungen des § 51 StGB. zu verneinen. Die freie Willensbestimmung kann im Fall der Trunkenheit trotz des Vorhandenseins eines gewissen Maßes von Einsichtsfähigkeit dadurch ausgeschlossen sein, daß unter dem Einfluß des Alkohols jene Hemmungen ausfallen, die den Täter in nüchternem Zustand von der Begehung der überschreitungen abgehalten haben würden. Zur Strafbarkeit eines angetrunkenen Täters wird keineswegs erfordert, daß er die Anreize zur strafbaren Handlung und die Hemmungsvorstellungen gegeneinander abgewogen habe, sondern nur, daß er die Fähigkeit besessen habe, sie abzuwägen. Auch genügt zur Annahme des Schuldausschließungsgrundes des § 51 nicht schon eine, wenn auch weitgehende, Verminderung, sondern nur der gänzliche Ausschluß jener Fähigkeit. Lag kein pathalogischer Rauschzustand, sondern nur ein einfacher Alkoholrausch vor und war dieser nicht bis zur Sinnlosigkeit gesteigert, dann war allerdings bei der Prüfung der Frage, ob die freie Willensbestimmung durch Ausfall der Hemmungen gänzlich ausgeschlossen war, ein strengerer Maßstab anzulegen, da im Rausch ein höherer Grad von Selbstbeherrschung möglich ist und gefordert werden kann, als bei Bewußtseinsstörungen organischer Art und vielfach gerade persönlichkeitseigene, im Wesen des Täters

begründete, durch den Alkoholgenuß nur geförderte Regungen wirksam werden. (I, 28. Februar 1933.)

Amtl. Sammlg. S. 149—15.

Vgl. Bd. 63 S. 46.

37. **Auslieferung. Politische Straftat.** (AuslG. §§ 9, 27; AuslVertr. zwischen dem Deutschen Reich und Italien vom 31. Oktober 1871 Art. 4.) Nach Beendigung des Krieges besetzte Italien das früher zu Österreich gehörige Gebiet von Triest; zufolge des Vertrags von Saint-Germain fiel dieses Gebiet am 16. Juli 1920 an Italien. Bei der Besetzung hatte der Gouverneur von Venetien bekanntgegeben, daß jeder, der mit irgendwelchen Mitteln den Interessen schade, die mit der militärischen und politischen Lage von Venetien verknüpft seien, mit verschärfter Strafe belegt werden solle. In einem der besetzten Orte machten in der Nacht zum 26. April 1920 mehrere Burschen Lärm vor der Kaserne und warfen gegen diese mit Steinen. Ein Carabiniere traf bei seinem Rundgang auf zwei der Burschen und wollte sie festnehmen; einer von ihnen versetzte ihm einen Dolchstoß. Er wurde durch das Kriegs-Militärgericht zu Triest am 23. September 1920 wegen versuchten Totschlags zu 16 Jahren Gefängnis verurteilt; das Oberste Gericht ermäßigte am 5. November 1921 die Strafe um 3 Jahre. Schon bald nach dem ersten Urteil war es dem Verurteilten gelungen, aus dem Gefängnis zu entfliehen. Nachdem sein Aufenthalt in Deutschland festgestellt worden war, wurde Auslieferungsantrag gestellt. Das Oberlandesgericht Hamburg legte die Sache dem Reichsgericht vor zur Entscheidung der Frage, ob die Tat als politische Straftat zu beurteilen sei. Dieses verneinte die Frage. Daran, daß die Besatzungsmacht gegenüber der Zivilbevölkerung des besetzten Gebiets die rechtmäßige Inhaberin der Staatsgewalt und damit der Strafgewalt war, konnte kein Zweifel bestehen. Die Frage, ob die Tat politisch war, mußte auf Grund des Deutsch-Italienischen Auslieferungsvertrags vom 31. Oktober 1871 (nach dem Krieg wieder in Kraft gesetzt am 15. August 1920) entschieden werden. Als zwischenstaatliche Vereinbarung ging dieser Vertrag dem deutschen Auslieferungsgesetz vor und wurde durch dieses nicht berührt. Die Bestimmungen des Vertrags finden auf politische Verbrechen oder Vergehen keine An-

wendung. Was als politisches Verbrechen oder Vergehen zu betrachten ist, sagt der Vertrag nicht. Der Beschluß legt die Entstehung dieses Begriffs ausführlich dar. Er gelangt zu folgendem Ergebnis: Weder der tätliche Angriff gegen den Carabiniere noch die vorausgehende Kundgebung vor der Kaserne stellt eine politische Straftat im eigentlichen Sinne des Wortes dar. Beide Teile der einheitlichen Tat richten sich nicht gegen die politische Gesamtorganisation, sondern nur gegen einzelne Staatsorgane. Daran änderte der Umstand nichts, daß die Verurteilung auch auf den Erlaß des Gouverneurs von Venetien vom 29. November 1918 gestützt war. Die Strafvorschrift dieses Erlasses hatte offensichtlich den Zweck, gegen an sich schon strafbare Störungen der öffentlichen Ordnung, die im besetzten Gebiet naturgemäß eine besondere Gefahr bilden konnten, schwerere als die im Gesetz vorgesehenen Strafen anzudrohen; sie hatte aber nicht die Bedeutung, jede strafbare Handlung, auf die sie zutraf, zum Staatsverbrechen zu stempeln. Störungen der öffentlichen Ordnung, die sich nicht gegen die politische Gesamtorganisation oder den Bestand des Staates als solchen (einschließlich des Gebietsbestandes) richten, wurden nicht dadurch, daß sie gegen militärische oder politische Interessen der Besatzungsmacht verstießen, zu politischen Verbrechen. Die dem Verurteilten zur Last gelegte einheitliche Straftat konnte auch nicht als mit einer politischen Straftat in Zusammenhang stehend angesehen werden, da eine solche politische Haupttat fehlte. Der Nachweis politischer Beweggründe reichte nicht aus, um die Tat zu einer politischen zu machen. (III, 9. März 1933.)
Amtl. Sammlg. S. 150—167.

38. **Münzvergehen. Inverkehrbringen.** (StGB. § 147.) Eine Frau versuchte, beim Kauf einer Ware mit Falschgeld zu zahlen; die Verkäuferin erkannte das Geld als falsch und wies es zurück. Damit war das Geld in Verkehr gebracht. Für die Bestimmung dieses Begriffes ist jeweils der Zweck der einzelnen Vorschrift maßgebend. Bei Münzvergehen ist das Falschgeld in Verkehr gebracht, wenn der Täter es derart aus seinem Gewahrsam entläßt, daß ein anderer tatsächlich in die Lage kommt, mit ihm nach seinem Belieben umzugehen, es insbesondere weiterzuleiten. Wenn der andere den Mangel alsbald erkennt

und das Geld aus diesem Grund zurückgibt, ist dieses der Vollendung der Tat nachfolgende Verhalten ohne Belang. (II, 16. März 1933.) Amtl. Sammlg. S. 167—168.

Vgl. Bd. 36 S. 424; Bd. 37 S. 111; Bd. 49 S. 375.

39. Meineid. Versicherung an Eides Statt. Fortsetzungszusammenhang. Strafermäßigung. (StGB. §§ 73, 74, 153, 154, 155, 156, 157.) Die Echtheit einer falschen Urkunde wurde durch eine Versicherung an Eides Statt bekräftigt, später auch durch eine eidliche Zeugenaussage. Das Schwurgericht nahm Fortsetzungszusammenhang zwischen den beiden Handlungen an. Auf die Revision des Angeklagten wurde das Urteil aufgehoben. Zum Fortsetzungszusammenhang gehört, daß die Einzelhandlungen gleichartig sind und dasselbe Rechtsgut verletzen. Das traf hier nicht zu. Die falsche eidesstattliche Versicherung ist kein Sonderfall des Meineids, bildet vielmehr einen eigenen Tatbestand; die Gleichartigkeit setzt aber voraus, daß grundsätzlich derselbe Tatbestand erfüllt wird. Die Versicherung an Eides Statt findet regelmäßig nur Anwendung, wenn der Eid ausgeschlossen ist und ist dem Eid nicht gleichwertig. Es hätte also Tatmehrheit angenommen werden müssen. Durch diesen Rechtsfehler konnte der Angeklagte benachteiligt sein. Allerdings hätte bei der Annahme eines selbständigen Vergehens gegen § 156 StGB. der Strafermäßigungsgrund, daß die Angabe der Wahrheit dem Angeklagten eine Verfolgung wegen Urkundenfälschung zuziehen konnte, nicht Platz greifen können, weil nach der Feststellung des Schwurgerichts der Angeklagten die falsche Versicherung an Eides Statt freiwillig und unaufgefordert, also nicht unter dem Zeugniszwang, abgegeben hatte; aber bei der Verurteilung wegen Meineid hätte Strafermäßigung zufolge der Gefahr einer strafrechtlichen Verfolgung wegen Urkundenfälschung oder wegen falscher Versicherung an Eides Statt eintreten können. Das Zusammentreffen der beiden Strafermäßigungsgründe hätte zwar nur zu einer einmaligen Strafermäßigung führen können; die Möglichkeit, daß die an sich verwirkte Strafe noch niedriger bemessen worden wäre als bei Vorliegen nur eines Strafermäßigungsgrundes, war aber nicht auszuschließen. (III, 20. März 1933.). Amtl. Sammlg. S. 168—170.

Vgl. Bd. 25 S. 297; Bd. 26 S. 167; Bd. 36 S. 49; Bd. 59 S. 231; Bd. 67 S. 63.

40. Unzüchtige Handlung. Versuch. Beleidigung. (StGB. §§ 174, 176, 185.) Ein Lehrer wurde wegen Vornahme unzüchtiger Handlungen an drei Schülerinnen verurteilt. Das Reichsgericht verwies die Sache zurück. Zum Begriff der unzüchtigen Handlung gehört die Verletzung des Scham- und Sittlichkeitsgefühls der Allgemeinheit in geschlechtlicher Beziehung; diese Voraussetzung war im Urteil nicht festgestellt, sondern vielmehr nur gesagt, daß die Handlungen des Angeklagten das Schamgefühl gröblich verletzten. Schamgefühl und allgemeines Sittlichkeitsgefühl sind aber nicht gleichbedeutend. Die Grenze ist nicht leicht zu ziehen. Die schweren Strafandrohungen für unzüchtige Handlungen lassen erkennen, daß der Gesetzgeber nicht jede, selbst unbedeutende, auf Sinneslust beruhende oder darauf abzielende Berührung oder handgreifliche Zudringlichkeit als Verbrechen bestraft wissen wollte. Für ganz leichte Fälle solcher Zudringlichkeiten reichen die für Beleidigungen gegebenen Strafvorschriften aus. Das Merkmal der Verletzung des allgemeinen Sittlichkeitsgefühls war in einem Fall ohne weiteres gegeben, wo der Angeklagte die Hand einer Schülerin an seinen Geschlechtsteil geführt hatte; dagegen bestanden Zweifel hinsichtlich der beiden anderen Fälle. Bei einer Schülerin hatte der Angeklagte versucht, in den Halsausschnitt zu greifen, war aber nicht bis an die Brust gekommen; die andere hatte er um die Hüfte gefaßt, sie an sich gedrückt und ihr über die Waden gestrichen. Das Landgericht hatte ausgeführt, daß er sich dadurch in geschlechtliche Erregung habe bringen wollen, daß er außerdem habe feststellen wollen, ob die Mädchen nicht nur diese Handlungen dulden, sondern ihm auch weiter in geschlechtlicher Hinsicht entgegenkommen würden. Das ließ die Möglichkeit offen, daß die Zudringlichkeiten nur Vorbereitungen von unzüchtigen Handlungen waren, daß aber weder vollendete, noch versuchte unzüchtige Handlungen vorlagen. Auch bei dem ersten Fall war zu prüfen, ob eine vollendete oder nur eine versuchte Straftat gegeben war. Auf die Erkennbarkeit der geschlechtlichen Erregung des Täters kommt es nicht an; zur Erfüllung des Tatbestandes genügt schon die Absicht des Täters. (II, 20. März 1933.) Amtl. Sammlg. S. 170—173. Vgl. Bd. 67 S. 110.

41. Tätliche Beleidigung. (StGB. §§ 185, 186, 187, 223.) Das Landgericht hatte den Tatbestand einer tätlichen Beleidigung darin gefunden, daß der Angeklagte sich auf das Bett des Mädchens gelegt und unter die Bettdecke gegriffen hatte; an den Körper des Mädchens war er nicht gekommen. Das Reichsgericht entschied, daß tätliche Beleidigung nicht gegeben sei; für diese wäre eine Berührung des Körpers erforderlich gewesen. (II, 20. März 1933.) Amtl. Sammlg. S. 173—175.

42. Amtsunterschlagung. Beihilfe. Gesetzeseinheit. (StGB. §§ 350, 351, 357). Ein Stadtkämmerer veranlaßte den ihm unterstellten Kassenführer, ihm für seinen Hausbau Geld aus der Kasse zu geben, ohne die Ausgabe in das Kassenbuch einzutragen, weiter auch Zahlungen, die zur Kasse gemacht wurden, zum Ausgleich der Fehlbeträge zu verwenden, ohne sie als Einnahmen zu buchen. Das Landgericht hatte ihn wegen einer fortgesetzten Amtsunterschlagung, den Kassenführer wegen Beihilfe dazu verurteilt. Das Reichsgericht verwies die Sache zurück. Die fortgesetzte Handlung, die das Landgericht angenommen hatte, setzte sich aus zwei Gruppen von Handlungen zusammen. Hinsichtlich der ersten Gruppe hatte das Landgericht festgestellt, der angeklagte Stadtkämmerer habe den ihn unterstellten Kassenführer verleitet, für ihn fremde Gelder zu unterschlagen und in Beziehung auf diese Unterschlagung die Bücher unrichtig zu führen; als anzuwendende Strafgesetze waren für ihn die §§ 350, 351, 357, 73, 74 StGB., bei dem Kassenführer die §§ 350, 351, 49 StGB. angeführt. Diese rechtliche Würdigung war widerspruchsvoll. Unrichtig war schon die Anwendung der Vorschrift des § 350 StGB. neben jener des § 351; die Strafvorschrift des § 351 schließt als die engere die umfassendere des § 350 aus, es besteht also Gesetzeseinheit. Die Straftat konnte also nur aus § 351 gewürdigt werden. Dadurch wurde auch die Anwendung des § 357 begrifflich ausgeschlossen; die gegen diese Vorschrift verstoßenden Einzelbetätigungen gingen in der gegen § 351 verstoßenden Handlung auf. Da an dem Kassenbestand nur der Kassenführer einen Gewahrsam hatte, nahm der Stadtkämmerer die ihm übergebenen Beträge nicht in amtlicher Eigenschaft, sondern als Privatmann entgegen; eine in eigener Täterschaft vorgenommene Amtsunterschlagung lag also bei ihm nicht vor. In Betracht kam vielmehr nur eine Anstiftung oder eine durch Entgegennahme der Gelder begangene Beihilfe zu der vom Kassenführer begangenen Amtsunterschlagung, auf die § 357 Anwendung finden konnte; auch Hehlerei konnte gegeben sein. Soweit der besondere Erschwerungsgrund des § 351 StGB. (unrichtige Führung der Bücher) zutraf, schied die Möglichkeit einer eigenen Täterschaft des Stadtkämmerers aus, da er die Bücher nicht zu führen oder mitzuführen hatte; es lag nur eine auch unter dem besonderen Gesichtspunkt des § 351 aus § 357 zu würdigende Anstiftung oder Beihilfe zu der schweren Amtsunterschlagung des Kassenführers vor. Hinsichtlich der zweiten Gruppe von Einzelfällen lag die Sache insofern anders, als der Stadtkämmerer selbst Gelder, die nach seiner Weisung zur Dekkung der Fehlbeträge verwendet wurden, in amtlicher Eigenschaft entgegengenommen hatte. Sein geheimer Vorbehalt, diese Gelder für sich verwenden zu wollen, schloß nicht aus, daß die Stadt mit der Einzahlung an ihn Eigentum am Geld erwarb und daß er das Geld für die Stadt in Gewahrsam nahm; dagegen war das Merkmal der Zueignung in seiner Person nicht hinreichend dargetan. Als Täter der Amtsunterschlagung kam auch hier nur der Kassenführer in Betracht, da dieser allein Gewahrsam über die Gelder hatte. Diese Fälle waren also jenen der ersten Gruppe gleich zu behandeln. (III, 27. März 1933.) Amtl. Sammlg. S. 175—179.

Vgl. Bd. 2 S. 279; Bd. 43 S. 207; Bd. 65 S. 102.

43. **Sachverständige. Beweisaufnahme. Herbeigeschaffte Beweismittel. Beschränkung der Verteidigung.** (StPO. §§ 240, 241, 245.) Nach der Vernehmung eines Zeugen beantragte der Verteidiger, den anwesenden ärztlichen Sachverständigen darüber zu vernehmen, daß die Aussage des Zeugen wegen seines hohen Alters nicht als unbedingt verlässig betrachtet werden könne. Das Schwurgericht lehnte den Antrag mit der Begründung ab, daß über die Glaubwürdigkeit des Zeugen ausschließlich das Gericht zu entscheiden habe. Das Reichsgericht erklärte das für unrichtig. Der Sachverständige gehörte, da er

zu der Verhandlung geladen und erschienen war, zu den herbeigeschafften Beweismitteln, soweit das von ihm erforderte Gutachten in das Gebiet seiner besonderen Sachkunde fiel. Seine Vernehmung zu der von der Verteidigung gestellten Frage durfte nur dann abgelehnt werden, wenn die Frage ungeeignet oder nicht zur Sache gehörig war. Daß der Sachverständige nicht von der Verteidigung geladen war, machte nichts aus. Ob die Vernehmung hätte abgelehnt werden können, wenn der Sachverständige die gestellte Frage nur nach umfangreicher, eine Aussetzung der Verhandlung erfordernder Vorbereitung hätte beantworten können, konnte dahingestellt bleiben. Ohne Bedeutung war es auch, daß der Antrag von dem Verteidiger eines freigesprochenen Angeklagten ausging und daß sich die verurteilten Angeklagten und ihre Verteidiger dem Antrag nicht ausdrücklich angeschlossen hatten; der Antrag auf Vernehmung des Sachverständigen lag im gemeinschaftlichen Interesse aller Angeklagten und durch seine Ablehnung wurde die Verteidigung in unzulässiger Weise beschränkt. (I, 17. März 1933.)

Amtl. Sammlg. S. 180—183.

Vgl. Bd. 20 S. 388; Bd. 27 S. 399; Bd. 55 S. 99; Bd. 58 S. 111; JW. Bd. 51 S. 587; Bd. 57 S. 2720.

44. **Raubversuch. Totschlagsversuch. Tateinheit. Fortgesetzte Handlung.** (StGB. §§ 73, 74, 214, 249.) Ein Mann wollte in einer Wirtschaft einen Diebstahl ausführen. Er bewaffnete sich mit einem Beil, um Widerstände, die ihm entgegentreten würden, zu brechen. So ausgerüstet begab er sich in den ersten Stock des Hauses, dort durch ein Vorzimmer in das anstoßende Zimmer und suchte in diesem nach Geld. Da er nichts fand, wollte er das Suchen im Vorzimmer fortsetzen. Als er in dieses trat, sah er, daß dort der Wirt in einem Bett schlief. Er versetzte ihm mit dem Beil zwei Schläge auf den Kopf und kehrte dann in das anstoßende Zimmer zurück, um nochmal nach Geld zu suchen. Unterdessen kam der Wirt wieder zu Bewußtsein und stand auf. Als der Dieb das merkte, suchte er zu fliehen. Da der Wirt ihn festzuhalten suchte, versetzte er ihm neuerdings mehrere Schläge mit dem Beil, bis er ihn los ließ. Das Schwurgericht verurteilte ihn wegen Totschlagsversuchs bei Unternehmung einer strafbaren Handlung in Tateinheit mit versuchtem

schweren Raub. Der Staatsanwalt hatte Verurteilung wegen zweier Verbrechen des Totschlagsversuchs beantragt. Seine Revision hatte keinen Erfolg. Das strafbare Verhalten des Angeklagten zerfiel in zwei Abschnitte, die sich äußerlich deutlich gegeneinander abgrenzten. Der erste Abschnitt begann in der Form des versuchten schweren Diebstahls und setzte sich in der Form des versuchten schweren Raubs in Tateinheit mit versuchtem Totschlag fort, wobei der Diebstahlsversuch im Raubversuch aufging. Der Angeklagte hatte von vorneherein den allgemeinen Entschluß gefaßt, Widerstand, der seinem Plan entgegentreten sollte, mit Gewalt (durch Anwendung des mitgenommenen Beils) zu brechen. Durch die Beilhiebe, die er dem schlafenden Wirt versetzte, wollte er die Ausführung des diebischen Unternehmens sichern; er wollte sich also der Gewaltanwendung als Mittel der Wegnahme bedienen. Hiebei handelte er zugleich mit dem bedingten Vorsatz der Tötung. Hiernach versuchte er, mit Gewalt gegen eine Person fremde bewegliche Sachen einem anderen in der Absicht rechtswidriger Zueignung wegzunehmen und zugleich vorsätzlich einen Menschen zu töten: versuchter schwerer Raub in Tateinheit mit versuchtem einfachem Totschlag (StGB. §§ 249, 250, 212, 43, 73). Daß der Widerstand nicht tatsächlich geleistet, sondern nur befürchtet und von vorneherein unmöglich gemacht wurde, machte nichts aus. Da die in den Beilhieben gelegene Gewalt das Mittel der Ausführung des Raubes war, konnte der Wirt nicht gleichzeitig ein der Ausführung des Raubes entgegentretendes Hindernis sein; § 214 setzt eine bei der Unternehmung einer (anderen) strafbaren Handlung, also eine außerhalb dieser Handlung vorgenommene, nicht eine ein Mittel ihrer Durchführung bildende Tötungshandlung voraus. Der zweite Abschnitt begann in dem Augenblick, als der Angeklagte sah, daß der Wirt aufgestanden war. Er gab nun das Unternehmen auf und trachtete zu fliehen. In dieser Absicht versetzte er dem Wirt die weiteren Schläge mit dem Beil und zwar wieder mit dem bedingten Vorsatz der Tötung. Er versuchte also bei Unternehmung eines mit einem Totschlagsversuch tateinheitlich zusammentreffenden schweren Raubversuchs, aber nach dessen Aufgabe, vorsätzlich einen Menschen zu töten, um sich der Ergreifung auf frischer Tat zu entziehen und erfüllte dadurch die Merkmale der §§ 214, 43 StGB. Die beiden Abschnitte waren äußerlich derart voneinander geschieden, daß die Annahme von Tatmehrheit möglich war. Sie hätte dann bestanden, wenn der Angeklagte irrtümlich mit Bestimmtheit angenommen hätte, der Wirt sei durch die ersten Beilhiebe getötet worden; er hätte dann keinen weiteren Widerstand erwartet und keinen bedingten Tötungsvorsatz mehr haben können, vielmehr nach der Entdeckung seines Irrtums einen neuen Vorsatz fassen müssen. Das Schwurgericht hatte aber festgestellt, daß der Angeklagte zwar mit der Möglichkeit der Tötung, aber auch mit der einer bloßen Betäubung rechnete; es hatte die beiden Angriffe auf den Wirt als stoßweise Verwirklichung eines bedingten Gesamtvorsatzes betrachtet, der darauf gerichtet war, den Wirt zur Ermöglichung der geplanten Wegnahme und nötigenfalls auch zur Ermöglichung der Flucht, selbst auf die Gefahr der Tötung hin, unschädlich zu machen. Es hatte hienach einen fortgesetzten Totschlagsversuch angenommen, dessen erste Teilhandlung zugleich eine Ausführungshandlung des schweren Raubversuchs bildete und dessen zweite Teilhandlung in der Absicht vorgenommen wurde, sich der Ergreifung auf frischer Tat zu entziehen. Hiegegen bestand kein rechtliches Bedenken. Setzt sich eine Fortsetzungstat aus Teilhandlungen zusammen, die teils einer leichten, teils einer schweren Form desselben Verbrechens angehören, so ist auf die fortgesetzte Tat die gegen die schwere Form gerichtete Strafdrohung anzuwenden. Trifft mit einem Verhalten, das für sich allein betrachtet als eine fortgesetzte Straftat erscheint, eine weitere vorsätzliche Straftat dergestalt zusammen, daß eine Teilhandlung der fortgesetzten Straftat zugleich zur Verwirklichung des weiteren Tatbestandes beiträgt, so kann zwischen der ganzen fortgesetzten Straftat und der weiteren Straftat Tateinheit angenommen werden, wenn das gesamte Verhalten auf einem einheitlichen Vorsatz beruht, der sich von vorneherein aus dem zur Fortsetzungstat gehörigen Gesamtvorsatz und dem zur weiteren Straftat gehörigen Einzelvorsatz zusammensetzt. Dieser Fall war hier gegeben, denn der auf den fortgesetzten Totschlagsversuch bezügliche Gesamtvorsatz war verbunden mit dem Vorsatz, die zunächst auszuführende Teilhandlung der Fortsetzungstat als Mittel zur Durchführung des Raubes zu benutzen. Es ist allerdings denkgesetzlich unmöglich, daß dieselbe Person gleichzeitig Gegenstand einer strafbaren Handlung und ein ihr entgegentretendes Hindernis sein kann; dieses Bedenken traf aber im vorliegenden Fall nicht zu. Der Angeklagte hatte bei der zweiten Handlung des Totschlagversuchs das Unternehmen, das er sich ursprünglich vorgesetzt hatte, nämlich den Raub, bei dem er die Gewalthandlung zum Totschlagsversuch gesteigert hatte, vollständig aufgegeben; der Wirt war ihm jetzt weder Gegenstand des ursprünglichen Unternehmens noch Hindernis für dessen Durchführung; er beging vielmehr die zweite Handlung des Totschlagsversuchs ausschließlich aus der Absicht heraus, sich der Ergreifung auf frischer Tat zu entziehen. Durch den die beiden Handlungen umfassenden bedingten Vorsatz des Totschlags wurden die beiden äußerlich getrennten Handlungen innerlich miteinander verbunden. (I, 31. März 1933.) Amtl. Sammlg. S. 183—190.

Vgl. Bd. 39 S. 220; Bd. 57 S. 67; Bd. 61 S. 109.

45. **Verleitung zum Meineid. Unternehmen. Beihilfe.** (StGB. §§ 49, 159.) In einer Strafsache gegen S. war K. als Zeuge genannt. S. entschloß sich, ihn zu einer günstigen Aussage zu beeinflussen. Er ersuchte Z., K. zu sich einzuladen und erzählte ihm, daß er ihn durch eine Belohnung für sich gewinnen wolle. Z. kam dem Ersuchen nach; er erwähnte dabei auch die Belohnung, die K. zugedacht war und suchte dessen Furcht vor Bestrafung wegen Meineid zu zerstreuen. Die Unterredung fand statt. Welchen Inhalt sie hatte, wurde in dem Verfahren, in dem Z. wegen Beihilfe zur unternommenen Verleitung verurteilt wurde, nicht mit Sicherheit festgestellt. Das führte zur Aufhebung des Urteils. Zum Begriff des Unternehmens der Verleitung zum Meineid gehört, wie zu dem des Versuchs der Anstiftung, daß der Verleitende den Entschluß, einen anderen zur Leistung eines Meineids zu bestimmen, durch Handlungen bestätigt, die einen Anfang der Ausführung der Willensbeeinflussung enthalten; bloße Vorbereitungshandlungen reichen zur Erfüllung des Tatbestandes nicht aus. Als Anfang der Ausführung stellt sich aber in diesem Sinne jede Handlung dar, durch die, dem Willen des Täters gemäß, mit der Anwendung des von ihm gewählten Verleitungsmittels

begonnen, durch die jenes Mittel in der Richtung auf den erstrebten Erfolg in Bewegung gesetzt wird; dabei genügt es auch, daß eine Mittelsperson die Einwirkung vornimmt oder vornehmen soll. Daß im vorliegenden Fall Z. im Auftrag des S. dem K. zuredete, zugunsten des S. auszusagen, oder daß dieser mit einer solchen Einwirkung des Z. auf K. auch nur gerechnet und sie gebilligt hätte, war dem angefochtenen Urteil nicht zu entnehmen. Dadurch, daß S. dem Z. das Ersuchen aussprach, K. zu sich einzuladen, war mit der Anwendung des gewählten Verleitungsmittels noch nicht begonnen. Dieses Verleitungsmittel bestand in der unmittelbaren und persönlichen Einwirkung des S. auf K. Die Anwendung dieses Mittels war zwar nicht ohne die Herstellung einer unmittelbaren Verbindung zwischen S. und K. denkbar; die Herstellung dieser Verbindung war aber dafür nur eine Vorbereitungshandlung. Durch das Ersuchen an Z. hatte sich S. seines Verleitungsmittels noch in keiner Weise entäußert, auch wenn er Z. in seine Absichten voll einweihte; es lag vielmehr nach wie vor in seinem Willen, ob er, nach Herstellung der Verbindung, das Verleitungsmittel anwenden wollte, oder nicht. Wenn er hievon absah, war auch die Beihilfehandlung des Z. nicht strafbar. Wenn S. tatsächlich K. zu einem Meineid zu verleiten suchte, ließ sich die Verurteilung des Z. wegen Beihilfe halten. Die Beihilfe braucht nicht zur Hauptausführung der Haupttat selbst geleistet zu werden; sie kann vielmehr auch zu bloßen Vorbereitungshandlungen des Täters geleistet werden, soferne nur die Haupttat mindestens zu einer Versuchshandlung führt. (II, 3. April 1933.)

Amtl. Sammlg. S. 191—193.

Vgl. Bd. 58 S. 113.

46. Opium. Erwerb. Abgabe. Selbstverbrauch. Tateinheit. Gesetzeseinheit. (OpG. §§ 1, 3, 10; StGB. § 73.) Ein Apothekergehilfe nahm morphiumhaltige Zubereitungen, die er in der Apotheke seines Arbeitgebers hergestellt hatte, an sich und verbrauchte sie, um gewisse körperliche Beschwerden zu lindern. Hierin lag keine Verfehlung gegen das Opiumgesetz. Der Selbstverbrauch von solchen Zubereitungen ist auch dann nicht mit Strafe bedroht, wenn ihm keine ärztliche Verschreibung zugrunde liegt. Zum Erwerb gehört, daß die Verfügung durch ein

Rechtsgeschäft erlangt wird. Es konnte auch nicht gesagt werden, daß der Angeklagte die Mittel an sich selbst abgegeben habe; es widerspricht der allgemeinen Auffassung, in dem Wegnehmen und in dem nachfolgenden Verbrauch ein Sichselbstgeben zu erblicken und das Gesetz gebraucht auch den Ausdruck „abgeben" im Zusammenhang mit dem Ausdruck „veräußern". Die Frage, ob in einem solchen Fall, wenn ein und dieselbe Handlung den Tatbestand des Diebstahls oder der Unterschlagung und zugleich eines Vergehens gegen das Opiumgesetz erfüllt, Tateinheit oder Gesetzeseinheit vorliegt, blieb offen. (II, 6. April 1933.) Amtl. Sammlg. S. 193—195.
Vgl. Bd. 38 S. 385; Bd. 42 S. 428; Bd. 44 S. 2; Bd. 55 S. 147; Bd. 58 S. 241; Bd. 59 S. 148.

47. **Amtsunterschlagung. Unrichtige Belege. Register.** (StGB. §§ 348, 349, 350, 351.) Der Vollzugsbeamte eines Finanzamts führte Steuerbeträge, die er eingehoben hatte, nicht an die Kasse ab, sondern verwandte sie für sich. Zum Teil vernichtete er die Doppelschriften der an die Steuerpflichtigen ausgehändigten Quittungen, statt sie bei der Kasse abzuliefern; zum Teil zahlte er das Geld später ein und änderte an den Doppelschriften das Datum ab. Die Verurteilung wegen schwerer Amtsunterschlagung wurde vom Reichsgericht bestätigt. Bei den erstgenannten Fällen konnte zwar nicht gesagt werden, daß der Angeklagte unrichtige Belege vorlegte, da die Unterlassung der Vorlegung von Belegen nicht der Vorlegung unrichtiger Belege gleichgesetzt werden kann. Dagegen waren die Doppelschriften als Teil eines aus diesen Doppelschriften bestehenden Registers und ihre Vernichtung als Unterdrückung eines Teils des Registers zu erachten. Bei den letztgenannten Fällen war das Merkmal der Vorlegung unrichtiger Belege gegeben, obwohl der Angeklagte sich ihrer nicht zur Rechtfertigung einer von ihm selbst zu bewirkenden Eintragung bediente; es genügte, daß die Schriftstücke einem anderen Beamten zum Ausweis für dessen Buchführung dienen sollten. (I, 7. April 1933.)
Amtl. Sammlg. S. 195—197.
Vgl. Bd. 60 S. 65.

48. **Revisionsbegründung. Wiedereinsetzung. Rechtskraft.** (StPO. §§ 44, 344, 345, 352.) Eheleute, die wegen Kuppelei verurteilt worden waren, legten zu Protokoll des

Urkundsbeamten Revision ein. Sie rügten Verletzung des materiellen Rechts und führten zur Begründung an, daß das Gericht die Aussage eines Zeugen für richtig angenommen habe, die nachweisbar unrichtig gewesen sei, da der Zeuge zu der Zeit, da er die beschworene Wahrnehmung gemacht haben wollte, sich im Gefängnis befunden habe. Das Reichsgericht verwarf die Revision als unzulässig, weil die Begründung den gesetzlichen Vorschriften nicht entsprach, erklärte aber Wiedereinsetzung in den vorigen Stand für möglich. Als Willenserklärung war die Revisionsbegründung der Auslegung zugänglich. Diese Auslegung führte dazu, daß die Beschwerdeführer, obwohl sie behaupteten, die Verletzung materiellen Rechts rügen zu wollen, in Wirklichkeit nur die Beweiswürdigung des Tatrichters bekämpften. Eine solche Behauptung konnte die Revision nicht rechtfertigen. Hierüber hätte der Urkundsbeamte die Beschwerdeführer belehren müssen. Wenn er das unterließ, weil er sich dazu nicht für verpflichtet hielt, oder weil er die niedergelegte Fassung aus Rechtsirrtum für genügend ansah, wurden die Beschwerdeführer dadurch in den Glauben versetzt, es sei dem Gesetz vollkommen Genüge geleistet; dadurch wurden sie abgehalten, eine gesetzesgemäße Revisionsbegründung abzugeben. Hierin lag ein unabwendbarer Zufall, der ihnen einen Anspruch auf Wiedereinsetzung in den vorigen Stand gab. Der Umstand, daß das Verfahren mit der Verkündung des die Revision verwerfenden Urteils rechtskräftig abgeschlossen wurde, stand der Zulassung eines Wiedereinsetzungsgesuchs nicht entgegen. (I, 7. April 1933.) Amtl. Sammlg. S. 197—200.

Vgl. Bd. 40 S. 99; Bd. 50 S. 253; Bd. 53 S. 286.

49. **Erpressung. Vermögensbeschädigung.** (StGB. § 253.) Für einen Rechtsanwalt war auf einem Grundstück eine Hypothek eingetragen. Er betrieb die Zwangsvollstreckung. Der Schuldner wandte sich an einen Rechtsagenten um Beistand. Dieser schrieb an den Rechtsanwalt einen Brief, worin er diesen unter Drohung zu bestimmen suchte, von der Zwangsvollstreckung abzusehen. Er wurde wegen versuchter Erpressung verurteilt. Seine Revision hatte Erfolg. Das Wesen der Erpressung besteht in einem Angriff auf fremdes Vermögen; dem erstrebten Vermögensvorteil muß auf der anderen Seite ein Vermögensnachteil gegenüberstehen. Zu dem Vorsatz gehört der Wille

zu nötigen, durch die Nötigung das Vermögen des andern zu schädigen und dadurch sich oder einem Dritten einen rechtswidrigen Vermögensvorteil zu verschaffen. Der Täter muß das Bewußtsein haben, daß er auf den erstrebten Vermögensvorteil keinen im Recht begründeten Anspruch hat. Im vorliegenden Fall war der Wille des Angeklagten, durch die Nötigung mittels Drohung das Vermögen des Rechtsanwalts zu schädigen, nicht ausreichend nachgewiesen. Zwar kann auch die Nichtausübung eines Rechts mit der Wirkung, daß der Berechtigte der mit dem Recht verbundenen oder zu erreichenden Vorteile verlustig geht, als das Vermögen beschädigend angesehen werden. Im Falle der Nichtausübung eines Vollstreckungsrechts kann die Vermögensbeschädigung ihrem Wesen nach nur darin bestehen, daß der Gläubiger an dem Erwerb des aus der Zwangsvollstreckung erwachsenden Rechts auf Befriedigung derart verhindert wird, daß die Nichtausübung des Vollstreckungsrechts nach den Umständen des einzelnen Falles im Ergebnis dem Verlust des Rechtes gleichkommt. Eine Vermögensbeschädigung entfällt, wenn die Durchführung der Vollstreckung nicht zur Befriedigung des Gläubigers geführt haben würde. Das Landgericht hatte festgestellt, daß die Hypothek des Rechtsanwalts voraussichtlich nicht ausgeboten worden wäre; unter Umständen konnte der Verzicht auf die Durchführung der Zwangsvollstreckung für den Rechtsanwalt von Vorteil sein. Nach den Grundsätzen über den untauglichen Versuch konnte trotzdem ein Versuch der Erpressung vorliegen, wenn der Angeklagte irrtümlicherweise glaubte, die durch seine Drohungen herbeizuführende Zurücknahme des Antrags auf Zwangsvollstreckung werde das Vermögen des Rechtsanwalts beschädigen. Ein solcher Irrtum war aber nicht nachgewiesen. (III, 24. April 1933.)

Amtl. Sammlg. S. 200—203.

Vgl. Bd. 16 S. 1; Bd. 64 S. 379; JW. 1908 S. 382.

50. Bannbruch. Einziehung. Wertersatz. Straffreiheit. (VZG. §§ 134, 154—156, 158; StraffreihG. §§ 5, 7.) Zwei Pferde wurden aus Polen unter Verletzung des Einfuhrverbots ins Inland gebracht und an einen gutgläubigen Käufer weitergegeben. Die Zollbehörde ließ sie bei diesem beschlagnahmen und zur Ersparung von Futterkosten versteigern. Es wurde eine Strafe wegen Bannbruchs ausgesprochen; die Angeklagten wurden auch als Gesamtschuldner zum Werterſatz verurteilt. Nur wegen dieses Teils des Urteils legten sie Revision ein. Sie wurde verworfen. Wären die Pferde zur Zeit der Beschlagnahme nicht Eigentum eines gutgläubigen Käufers gewesen, hätte also die Beschlagnahme zu Recht vorgenommen werden können, so wäre das Eigentum an den Pferden und demgemäß auch das Eigentum am Versteigerungserlös auf das Reich übergegangen; in diesem Falle hätte nicht auf Werterſatz, sondern auf Einziehung der Pferde erkannt werden müssen. Die Beschlagnahme war aber unzulässig und unwirksam. Die Vorschrift, daß der Verlust der Gegenstände des Bannbruchs jederzeit den Eigentümer trifft, besagt nur, daß die Gegenstände auch dann einzuziehen sind, wenn sie zur Zeit der Begehung des Bannbruchs nicht im Eigentum des Täters stehen. Wenn die Einziehung selbst nicht vollzogen werden kann, ist auf Erlegung des Werts der Gegenstände zu erkennen. Ein solcher Fall liegt auch vor, wenn der Einziehung rechtliche Hindernisse entgegenstehen. Nicht im Strafverfahren zu entscheiden war, ob die Zollbehörde den Versteigerungserlös zurückbehalten durfte. Die Vorschriften des Straffreiheitsgesetzes erstrecken sich nicht auf Bannbruch. Für diesen ist die Einziehung als Hauptstrafe angedroht. Wenn sie auch eine Vermögensstrafe darstellt, so ist sie doch keine Geldstrafe. (II, 4. Mai 1933.) Amtl. Sammlg. S. 204—206. Vgl. Bd. 30 S. 413; Bd. 37 S. 15; Bd. 44 S. 33; Bd. 47 S. 377; Bd. 54 S. 54.

51. **Abtreibung. Plenarentscheidung.** (StGB. § 218, GVG. § 136.) Durch eine Abtreibungshandlung wurde bewirkt, daß Luft durch die Gebärmutter in den Körper der Schwangeren eindrang und durch die hiedurch hervorgerufene Luftembolie deren Tod herbeiführte; die Frucht starb möglicherweise erst mit dem Tod der Schwangeren ab. Die Verurteilung wegen fahrlässiger Tötung in Tateinheit mit vollendeter Abtreibung wurde bestätigt. Zum Tatbestand der vollendeten Abtreibung gehört nicht, daß die Schwangere die Tötung der Frucht überlebt. Weder der Wortlaut des Gesetzes noch Sinn und Zweck der Vorschrift sprechen für eine solche eingehende Auffassung. Das Gesetz hat die Abtreibung unter schwere Strafe gestellt; daraus folgt, daß die Mitwirkung bei der Abtreibung be-

sonders scharf zu bekämpfen ist. Der IV. Strafsenat hatte früher eine andere Auffassung vertreten; da er als Strafsenat nicht mehr besteht, war eine Plenarentscheidung nicht notwendig. (II, 11. Mai 1933.)

Amtl. Sammlg. S. 206—208.

Vgl. Bd. 41 S. 328.

52. **Zugehörigkeit zur Wehrmacht. Verpflichtungsschein.** (WehrG. §§ 2, 18.) Ein wegen Selbstverstümmelung angeklagter Reichswehrsoldat bestritt, der deutschen Wehrmacht angehört zu haben, weil ihm der Verpflichtungschein nicht, wie vorgeschrieben, schon am Gestellungstag ausgehändigt worden war. Die Vorschriften des Wehrgesetzes über diese Frage sind widersprüchig; einerseits ist bestimmt, daß die Zugehörigkeit zur Wehrmacht mit dem Tag des Diensteintritts beginnt, anderseits, daß die Aushändigung des Verpflichtungsscheins die Zugehörigkeit zur Wehrmacht begründet. Das Reichsgericht entschied auf Grund der Entstehungsgeschichte der Vorschrift, daß für die Frage, ob die zulässige Höchststärke der Reichswehr erreicht ist, der Tag des Diensteintritts, im übrigen aber die Aushändigung des Verpflichtungsscheins maßgebend ist, da erst durch diesen der Vertrag zwischen dem Reich und dem einzelnen Mann zustande kommt. Die tatsächliche Einstellung eines Freiwilligen in die Reichswehr ohne die gleichzeitige Aushändigung des Verpflichtungsscheins am Gestellungstag enthält eine Verletzung der bestehenden Bestimmungen, die es verhindert, daß der Eingestellte rechtlich der Wehrmacht zuzurechnen ist. Dieser Mangel kann aber durch eine nachträgliche Aushändigung des Verpflichtungsscheins beseitigt werden. Der Freiwillige, der sich auf eine Dienstzeit von 12 Jahren verpflichtet hat, kann, wenn ihm der Verpflichtungsschein erst nach dem Gestellungstag ausgehändigt wird, verlangen, daß ihm die bis dahin tatsächlich geleistete Dienstzeit auf die 12 Jahre angerechnet wird. (II, 13. Februar 1933.) Amtl. Sammlg. S. 209—215.

53. **Einziehung. Rückwirkung von Gesetzen.** (StGB. §§ 2, 42, 73; RAbgO. §§ 401, 414.) Bei Verurteilung wegen Steuerhinterziehung ist auch auf Einziehung der Beförderungsmittel zu erkennen, die der Täter zur Begehung der Tat benutzt hat. Diese Vorschrift ist erst am 23. Dezember 1931 in Kraft getreten. Die Frage, ob sie

auch auf vorher begangene Taten angewendet werden könne, wurde vom Reichsgericht bejaht. Allerdings kann eine Handlung nur dann mit Strafe belegt werden, wenn diese Strafe bereits bestimmt war, bevor die Handlung begangen wurde. Die Einziehung ist aber in diesem Falle keine Strafe, sondern eine polizeiliche Anordnung. So ist bei Tateinheit die polizeiliche Einziehung aus dem milderen Gesetz auch dann zulässig, wenn das die Strafe enthaltende schwerere Gesetz sie nicht kennt. Amnestien erstrecken sich auf eine Einziehung nicht, wenn es nicht ausdrücklich bestimmt ist. Im Rechtsmittelverfahren kann das höhere Gericht eine Einziehung verfügen, auch wenn das untere Gericht eine solche nicht ausgesprochen und nur der Angeklagte ein Rechtsmittel eingelegt hat. Daß gelegentlich im Gesetz von der Strafe der Einziehung gesprochen wird, beweist nicht, daß die Einziehung selbst als Strafe anzusehen ist. Das Gesetz geht von dem regelmäßigen Geltungsbereich der Vorschriften über Einziehung aus, nämlich von der Zulässigkeit nur gegenüber dem Eigentümer und dehnt ihn dann auf die Fälle aus, in denen die Gegenstände einem Dritten gehören oder überhaupt kein Strafverfahren gegen eine bestimmte Person eingeleitet ist. (I, 7. April 1933.)

Amtl. Sammlg. S. 215—219.

Vgl. Bd. 14 S. 161; Bd. 16 S. 114; Bd. 19 S. 45; Bd. 46 S. 136; Bd. 52 S. 226; Bd. 53 S. 118, 124, 206, 309; Bd. 55 S. 12; Bd. 61 S. 314; JW. 1930 S. 3401.

54. **Ausschluß vom Richteramt. Verletzter.** (StPO. § 22.) Der Rendant des Gesamtverbandes der katholischen Pfarrgemeinden einer Stadt wurde wegen Unterschlagung aus der ihm anvertrauten Kasse angeklagt. Als Schöffe wirkte ein Mitglied des Kirchenvorstandes einer der angeschlossenen Pfarrkirchen mit. Die hierauf gestützte Revision hatte keinen Erfolg. Als verletzt im Sinne des § 22 StPO. kann nur angesehen werden, wer durch die zur Aburteilung stehende Tat persönlich betroffen ist; die Tat muß einen Eingriff in seine Rechte enthalten. Das traf hier nicht zu. Verletzt wurde nur der Gesamtverband der Pfarrgemeinden, möglicherweise — wenn der Gesamtverband keine juristische Person war — jede der angeschlossenen Pfarrkirchen. Diese waren für sich jedenfalls juristische Personen. Ihre einzelnen Mitglieder waren

durch die Handlung des Angeklagten nicht verletzt, ebensowenig ihre Willensorgane oder einzelne Mitglieder dieser Organe. (III, 27. April 1933.)

Amtl. Sammlg. S. 210—220.

55. **Auslieferung. Rechtshilfe. Zustellung.** (AuslG. § 47; StPO. § 37; AuslVertr. zwischen dem Deutschen Reich und Belgien Art. 13; Haager Abk. über den Zivilprozeß Art. 1.) Ein belgisches Gericht hatte gegen einen Polen, der in Deutschland wohnte, ein Urteil erlassen. Die belgische Gesandtschaft ersuchte um Zustellung. Der Angeklagte lehnte die Entgegennahme des Urteils ab, weil dieses in französischer Sprache ausgefertigt war. Die zwangsweise Zustellung wurde für zulässig erklärt. Die deutschen Gesetze enthalten keine Bestimmung, wonach die Zustellungen sich auf die in deutscher Sprache abgefaßten Schriftstücke beschränken oder bei Zustellung fremdsprachiger Schriftstücke wenigstens eine beglaubigte deutsche Übersetzung beigefügt werden müßte. Die Vorschrift, daß in Deutschland die deutsche Sprache Gerichtssprache ist, gilt zwar für den gesamten Geschäftsverkehr, ist öffentlichrechtlicher, also zwingender Natur und von Amts wegen zu beachten; die Zustellung fremdsprachiger Urkunden wird aber hiedurch nicht ausgeschlossen. Das Haager Abkommen über den Zivilprozeß kennt allerdings eine Zustellung von Schriftstücken nur in der Sprache des ersuchten Landes; für Strafsachen fehlt aber ein solcher Vertrag. (III, 8. Mai 1933.) Amtl. Sammlg. S. 221—225.

Vgl. RGZ. Bd. 9 S. 430.

56. **Rechtspfleger. Nachlaßpfleger. Kurator. Amtsanmaßung. Register. Beschädigung. Urlaub.** (StGB. §§ 132, 133, 266.) Der Rechtspfleger eines Gerichts wurde zum Nachlaßpfleger in einer Sache bestellt. Als solcher nahm er die Entsperrung zweier Sparbücher vor, obwohl ihm die Freigabe von Mündelvermögen nur bis zum Betrag von 300 *RM* übertragen war und es sich in diesem Fall um höhere Beträge handelte. Zu der Zeit da er die Handlung vornahm, war er beurlaubt. Die abgehobenen Beträge behielt er für sich. Um die Entdeckung zu verhindern, strich er in dem Fristkalender für Vormundschafts- und Pflegschaftssachen den Wiedervorlagevermerk aus und fügte einen Erledigungsvermerk bei. Er wurde wegen Untreue, Amtsanmaßung und Beschädigung einer

amtlichen Urkunde verurteilt. Das Reichsgericht verwies die Sache zurück. Die Verurteilung wegen Untreue unterlag keinem Bedenken; als Rechtspfleger war der Angeklagte als Kurator im Sinne der Strafvorschrift anzusehen. Ungenügend begründet war aber die Verurteilung wegen Amtsanmaßung und Beschädigung einer amtlichen Urkunde. Das Landgericht hatte angenommen, der Angeklagte sei zufolge seiner Bestellung als Nachlaßpfleger von jeder Tätigkeit als Rechtspfleger in der Pflegschaftssache ausgeschlossen gewesen. Diese Annahme war rechtsirrig. Richtig war, daß der Angeklagte in der Pflegschaftssache nicht als Rechtspfleger tätig werden durfte; soweit er aber bei der pflichtwidrigen Vornahme der Amtshandlungen als Rechtspfleger sich innerhalb der für seine allgemeine Befugnis zur Vornahme solcher Amtshandlungen bestimmten Grenzen hielt, lag keine derartige Überschreitung seiner amtlichen Befugnisse vor, daß sie damit den Charakter einer in den Kreis eines anderen Amtes einschlagenden Amtshandlung angenommen hätte. Soweit es sich um einen Betrag unter 300 *RM* handelte, lag also keine Amtsanmaßung vor. Daß der Angeklagte zu der Zeit der Vornahme der Handlung beurlaubt war, machte nichts aus; er war auch während dieser Zeit befugt, sein Amt auszuüben, wenn nicht besondere Umstände vorlagen, die das ausschlossen. Die Veränderungen, die er in dem Fristenkalender vornahm, stellten keine Beschädigung einer amtlichen Urkunde dar. Ob der Kalender als Urkunde anzusehen war, konnte dahingestellt bleiben; jedenfalls war er ein Register und darum gegen Beschädigung auch in dem Fall geschützt, daß er keine Urkunde darstellte. Daß er nur für den inneren Dienst bestimmt war, machte nichts aus. Das Verhalten des Angeklagten erfüllte aber das Tatbestandsmerkmal einer Beschädigung nicht. Beschädigung bedeutet eine Einwirkung auf eine Sache, die eine Verletzung oder Veränderung der Substanz zur Folge hat, durch die die bestimmungsmäßige Brauchbarkeit der Sache erheblich herabgemindert wird. Bei Urkunden, Registern und Akten muß der Begriff auch die Unversehrtheit ihres Inhalts umfassen, sofern durch deren Beeinträchtigung die Urkunden, Register und Akten für ihre amtliche Zweckbestimmung unbrauchbar oder doch in ihrer Brauchbarkeit herabgemindert werden. Beschädigung einer Urkunde ist hienach jede Veränderung, die ihren Zweck, als Beweismittel zu dienen, beeinträchtigt, sei es, daß unter Erhaltung ihrer Existenz ihr sachlicher Inhalt, sei es, daß beide getroffen werden. Eine Beschädigung in diesem weiteren Sinne kann aber doch nur vorliegen, wenn sich die Einwirkung, mag sie in Durchstreichen, Radieren, Überschreiben oder sonstigen Änderungen bestehen, unmittelbar auf den darin verkörperten Gedankeninhalt bezieht, wenn also dieser Inhalt selbst durch die Einwirkung betroffen und verändert wird. Das war hier nicht der Fall. Der Angeklagte hatte den Inhalt des Registers nicht verändert, sondern das Register lediglich zu Eintragungen benützt, zu denen es an sich bestimmt war. Die bloße Tatsache, daß er diese Eintragung unbefugt vornahm, konnte nicht dazu führen, sie als eine Beschädigung des Registers anzusehen. (II, 4. Mai 1933.)

Amtl. Sammlg. S. 226—230.

Vgl. Bd. 35 S. 338; Bd. 59 S. 321; Bd. 63 S. 366.

57. **Amtsunterschlagung. Diebstahl. Urkundenvernichtung. Plombenverschluß. Briefgeheimnis. Gewahrsamsbruch.** (StGB. §§ 133, 242, 243 Nr. 4, 246, 348, 349, 354.) Ein Bahnpostbeamter hatte plombierte Briefsäcke zu befördern. In mehreren Fällen öffnete er einen solchen Sack, in dem er den Bindfaden, an dem sich die Plombe befand, durchschnitt, öffnete Briefe, in denen er Geld vermutete, nahm dieses heraus, verschloß die Briefe wieder und legte sie in den Sack zurück; dann band er diesen mit einem neuen Faden zu und versah ihn mit einer neuen Plombe. Er wurde wegen schwerer Urkundenfälschung im Amt in Tateinheit mit schwerem Gewahrssamsbruch, Verletzung des Briefgeheimnisses und schwerem Diebstahl verurteilt. Seine Revision wurde verworfen. Gewahrsamsbruch und Verletzung des Briefgeheimnisses waren offensichtlich gegeben. Zu billigen war auch, daß die Wegnahme des Geldes aus den in den plombierten Säcken befindlichen Briefen mittels Abschneiden des an den Säcken angebrachten Verwahrungsmittels als schwerer Diebstahl behandelt wurde, da sich die Behörde, von der die Säcke mit dem Plombenverschluß versehen worden waren, gerade durch diese Maßnahme den Mitgewahrsam an den in den Säcken befindlichen Gegenständen gesichert und der Angeklagte durch die Wegnahme des Geldes diesen Mit-

gewahrsam gebrochen hatte. Die Plombe einschließlich des mit ihr durch Zusammendrücken festverbundenen Bindfadens war als Urkunde anzusehen; bei Berücksichtigung der einschlägigen Dienstvorschriften stellte sich dieser Verschluß als eine verkörperte Gedankenäußerung dar, die ihren Urheber erkennbar machte und und bestimmt und geeignet war, im Rechtsleben eine außer ihr selbst liegende Tatsache zu beweisen. Der Plombenverschluß enthielt eine Beurkundung des Postamts, auf das die Prägung der Plombe hinwies, daß dieses den Verschluß vorgenommen habe; er war ferner bestimmt und im Falle seiner Unversehrtheit geeignet zu beweisen, daß die Gegenstände, die der zur Eröffnung befugte Empfänger vorfand, mit denen übereinstimmten, die sich zur Zeit der Vornahme des Verschlusses im Sack befunden hatten. Dadurch, daß der Angeklagte den Bindfaden durchschnitt und den Verschluß beseitigte, machte er sich der Urkundenvernichtung schuldig; zum mindesten lag eine Beschädigung und Beiseiteschaffung einer Urkunde vor. (I, 19. Mai 1933.)

Amtl. Sammlg. S. 230—233.
Vgl. Bd. 13 S. 193; Bd. 15 S. 214; Bd. 50 S. 191; Bd. 60 S. 402.

58. **Teilweise Amnestie. Tateinheit. Rechtshängigkeit. Zuständigkeit.** (StGB. §§ 86, 243; SprengstG. § 75; StraffreihG. §§ 1, 4). Zwei Arbeiter hatten Sprengstoff entwendet, um ihn der kommunistischen Partei zur Verfügung zu stellen. Es wurde gegen sie ein Verfahren wegen Vorbereitung eines hochverräterischen Unternehmens und wegen Verbrechens gegen das Sprengstoffgesetz eingeleitet. Ehe es zur Erhebung der Anklage kam, erging das Gesetz über Straffreiheit; nach diesem wurden Verfahren wegen politischer Straftaten, die vor dem 1. Dezember 1932 begangen waren, eingestellt, wenn keine schwerere Strafe als Geldstrafe oder Freiheitsstrafe bis zu 5 Jahren, allein oder in Verbindung miteinander, zu erwarten war. Die Reichsanwaltschaft gab daraufhin die Sache an die örtliche Staatsanwaltschaft ab mit dem Bemerken, daß das Verfahren wegen Vorbereitung zum Hochverrat niedergeschlagen und eine Strafverfolgung insoweit unzulässig sei. Es wurde dann Anklage zum Landgericht wegen Sprengstoffverbrechens erhoben; die Angeklagten wurden zu je 6 Jahren Zuchthaus verurteilt.

Ihre Revision hatte keinen Erfolg. Das Reichsgericht prüfte von Amts wegen, ob die Zuständigkeit des Landgerichts gegeben war und bejahte die Frage. Nachdem das Verfahren wegen Vorbereitung zum Hochverrat durch das Straffreiheitsgesetz niedergeschlagen worden war, war die Handlung nur noch als Sprengstoffverbrechen zu verfolgen; hiefür war das Landgericht zuständig. Dieser Beurteilung stand auch nicht im Wege, daß für die Tat eine längere Freiheitsstrafe als fünf Jahre zu erwarten war; das Verfahren wegen Hochverrats war durch Niederschlagung erledigt. Gegen den einen Angeklagten war noch ein Verfahren wegen Vorbereitung des Hochverrats eingeleitet worden; auch dieses war auf Grund des Straffreiheitsgesetzes einzustellen. Die Einstellung war allerdings noch nicht erfolgt; da aber die Voraussetzungen gegeben waren, konnte eine Rechtshängigkeit nicht mehr als bestehend angenommen werden. (I, 23. Mai 1933.)

Amtl. Sammlg. S. 233—236.

Vgl. Bd. 52 S. 270; Bd. 53 S. 50; Bd. 66 S. 255; JW. 1924 S. 1878.

59. **Rechtsmittel. Reformatio in peius. Gesamtstrafe.** (StPO. §§ 331, 358.) Der Inhaber eines Wäschegeschäftes suchte in einem Dorf Bestellungen auf. Zwei Frauen bestellten je ein Wäschestück bei ihm. Er legte ihnen ein Stück Papier zur Unterzeichnung vor. Die Frauen hielten die Papiere für Bestellscheine; in Wirklichkeit waren sie unausgefüllte Vordrucke für gezogene Wechsel, die durch die Unterzeichnung zu Blankoakzepten wurden. An seinen Wohnort zurückgekehrt, füllte er die Wechsel mit weit höheren Summen aus, als der Bestellung entsprach, und begab sie weiter. Nachdem sie mangels Zahlung protestiert worden waren, löste er sie ein. Das Schöffengericht verurteilte ihn wegen zwei Verbrechen der Urkundenfälschung in Tateinheit mit Betrug zu einer Gesamtstrafe von 6 Monaten Gefängnis; als Einzelstrafen waren für jedes der beiden Verbrechen 4 Monate Gefängnis angesetzt worden. Das Berufungsgericht verurteilte ihn wegen Betrugs in zwei Fällen und schwerer Urkundenfälschung in einem Falle zu einer Gesamtstrafe von 5 Monaten Gefängnis; es hatte angenommen, daß er den Entschluß zur Ausfüllung der Wechsel erst nach der Rückkehr an seinen Wohnort gefaßt habe. Als Einzelstrafen waren für jede der drei Straf-

taten 2 Monate Gefängnis festgesetzt worden. Das Reichsgericht hob das Urteil auf und verwies die Sache zurück. Das Berufungsgericht beurteilte nunmehr die Taten wie das Schöffengericht, hob aber das Urteil des Schöffengerichts im Strafmaß auf und verurteilte den Angeklagten zu einer Gesamtstrafe von 5 Monaten Gefängnis; als Einzelstrafen für jedes der beiden Verbrechen setzte es je 3 Monate Gefängnis an. Die neuerliche Revision war darauf gestützt, daß als Einzelstrafe nur je 2 Monate Gefängnis hätten angesetzt werden dürfen. Sie hatte keinen Erfolg. Das Verbot der reformatio in peius richtet sich nur gegen die Verhängung einer schwereren Strafe; demnach enthielt das erste Urteil im Verhältnis zum schöffengerichtlichen Urteil keinen Verstoß gegen diese Vorschrift. Es zog aus den beiden vom Schöffengericht angenommenen selbständigen Handlungen, von denen jede für sich aus zwei unselbständigen, in Tateinheit zusammentreffenden Straftaten bestand, je das tateinheitlich zusammentreffende Verbrechen heraus und verurteilte dieses als eine weitere selbständige Handlung; die dafür festgesetzten Einzelstrafen von je 2 Monaten Gefängnis blieben, jede für sich, hinter jeder der vom Schöffengericht festgesetzten Einzelstrafen von 4 Monaten, ferner in ihrer Summe hinter der Summe der schöffengerichtlichen Einzelstrafen zurück; auch die neue Gesamtstrafe von 5 Monaten Gefängnis war niedriger als die vom Schöffengericht erkannte Strafe von 6 Monaten. Für das zweite Berufungsurteil, welches das strafbare Verhalten des Angeklagten rechtlich ebenso wie das Schöffengericht beurteilte, ergab sich aus dem schöffengerichtlichen Urteil die Beschränkung, daß keine der beiden Einzelstrafen die vom Schöffengericht festgesetzten Einzelstrafen von je 4 Monaten Gefängnis übersteigen und auch die Gesamtstrafe nicht auf mehr als 6 Monate Gefängnis bemessen werden durfte. Eine weitere Beschränkung ergab sich aus dem ersten Berufungsurteil. Im zweiten Berufungsurteil wurde von den drei im ersten Berufungsurteil angenommenen selbständigen Handlungen eine selbständige Handlung beseitigt und unter Aufspaltung mit jeder der beiden anderen zu einer einheitlichen Handlung vereinigt. Von den beiden Straftaten des zweiten Berufungsurteils deckte sich keine mit irgendeiner der drei Straftaten des ersten Berufungsurteils; da aber aus den drei Straftaten nicht eine mit einer Einheitsstrafe zu belegende Einheitstat, sondern zwei selbständige Straftaten geworden waren, die ihrerseits wieder die Festsetzung von Einzelstrafen und die Bildung einer Gesamtstrafe erforderten, so hatten mit dem Wegfall der im ersten Berufungsurteil angenommenen Straftaten die dafür festgesetzten Einzelstrafen nicht jede Bedeutung verloren, so daß bei der neuen Strafzumessung als einzige Schranke die frühere Gesamtstrafe in Betracht zu ziehen gewesen wäre; vielmehr durfte keine der beiden neuen Einzelstrafen die Summe der früheren für einen Betrugsfall und für die Urkundenfälschung festgesetzten Einzelstrafen (2 + 2 = 4 Monate Gefängnis) überschreiten und durfte die neue Gesamtstrafe nicht über die frühere Gesamtstrafe hinausgehen. Diese Grenzen waren eingehalten. (I, 26. Mai 1933.)

Amtl. Sammlg. S. 236—244.
Vgl. Bd. 26 S. 167; Bd. 62 S. 61.

60. Urkundenfälschung. Ausgangstagebuch. (StGB. § 267.) Ein Kaufmann führte in seinem Betrieb ein Ausgangstagebuch, in das er unter fortlaufender Nummer und Beifügung der Postgebühren alle aus dem Geschäft abgehenden Briefe nach den Namen der Empfänger und den Abgangstagen aufführte. Die Briefe selbst versah er mit denselben Nummern. Nachträglich änderte er das Tagebuch in der Weise ab, daß er bei mehreren Nummern an Stelle der dort nur durch Wiederholungsstriche gekennzeichneten richtigen Briefempfänger andere Personen einsetzte, so daß die ursprünglichen Einträge nurmehr bei eingehender Prüfung erkennbar waren. Er wollte durch Vorlegung des so veränderten Buches zu seinem Vorteil dem Gericht gegenüber die Abfertigung gewisser Briefe an die Prozeßgegner glaubhaft machen, deren Empfang diese im Rechtstreit bestritten hatten und die wirklich nicht abgefertigt worden waren. Die Verurteilung wegen Urkundenfälschung wurde vom Reichsgericht nicht bestätigt. Der Aussteller einer Urkunde ist solange zur Abänderung befugt, als nicht ein anderer ein Recht auf ihre Unversehrtheit erlangt hat. Das Landgericht hatte angenommen, daß er schon von dem Zeitpunkt an nicht mehr zur Abänderung berechtigt gewesen sei, von dem ab er entschlossen war, das Ausgangstagebuch als Beweismittel gegenüber seinen Streitgegnern zu benutzen. Die bloße

Absicht, die den Gegnern unbekannt war, konnte diesen aber keine Rechte an der Urkunde verleihen. Ein Recht auf die Unversehrtheit erlangten sie erst, sobald sie erfuhren, daß der Angeklagte im Rechtstreit gegen sie auf das Ausgangstagebuch als Beweismittel Bezug genommen habe. Zur Prüfung dieser Frage wurde die Sache zurückverwiesen. (II, 29. Mai 1933.)

Amtl. Sammlg. S. 245—246.

61. Urkundenfälschung. Falschbeurkundung. Zahlkarte. Einheitliche Urkunde. Abstrakte Beweiserheblichkeit. (StGB. §§ 267, 348.) Ein Postbeamter versah die linken Abschnitte von Zahlkarten, die für den jeweiligen Postscheckkunden als Empfänger bestimmt und diesen vom Postscheckamt zugesandt werden, mit unrichtigen, nicht den Tag der Einzahlung, sondern einen späteren Tag aufweisenden Eingangsstempeln und änderte auch die von den Absendern angegebenen Daten der Einzahlungstage entsprechend ab. Wie schon früher (Bd. 67 S. 90) entschieden worden ist, beweist der Aufgabestempel, den der Postbeamte auf den linken Zahlkartenabschnitt über den vom Absender herrührenden Vermerk zu setzen hat, zu öffentlichem Glauben, daß die Post die dort bezeichneten Summen an dem im Aufgabestempel genannten Tag zur Gutschrift auf das Konto des Postscheckkunden empfangen hat. Die Beurkundung zu öffentlichem Glauben erstreckt sich aber lediglich auf die Höhe der einbezahlten Geldsumme und auf die Kontonummer des Postscheckkunden sowie auf den durch den Postaufgabestempel bezeichneten Tag der Einzahlung. Soweit auf den Zahlkartenabschnitten noch andere Vermerke niedergeschrieben sind, können diese daneben noch Gegenstand einer mit der Falschbeurkundung nach § 348 StGB. tateinheitlich zusammentreffenden Privaturkundenfälschung im Sinne des § 267 StGB. sein. Zu diesen Vermerken gehört auch das vom Einzahler in dem Vordruck der Zahlkartenabschnitte ausgefüllte Datum der Einzahlung; auf dieses erstreckt sich die Rechtswirkung des öffentlichen Glaubens nicht. Nach dem Grundsatz der abstrakten Beweiserheblichkeit der Urkunden genügt es, wenn die als Urkunde in Betracht kommende schriftliche Gedankenäußerung in irgendeinem Verfahren für den Beweis von Rechten und Rechtsverhältnissen ins Gewicht fallen könnte; dabei ist nicht erforderlich, daß sie für sich allein diesen Beweis erbringen kann, vielmehr genügt es, daß sie dafür erheblich ist, daß sie also in Verbindung mit anderen, aus ihr selbst nicht ersichtlichen Tatsachen und Umständen den Beweis zu liefern vermag. Das war für die gefälschten Daten durchaus denkbar. (III, 29. Mai 1933.) Amtl. Sammlg. S. 246—248.

Vgl. Bd. 19 S. 113; Bd. 67 S. 90, 117.

62. **Tätlicher Angriff. Reizung. Ursächlicher Zusammenhang.** (MilStGB. §§ 97, 98; StGB. §§ 199, 213.) Ein Soldat war durch einen Offizier mißhandelt worden. Einige Zeit nachher verübte er auf den Offizier einen tätlichen Angriff. Das Landgericht verneinte, daß er zu dem Angriff auf der Stelle hingerissen worden sei, da die durch die Mißhandlung hervorgerufene Erregung zur Zeit des Angriffs nicht mehr bestanden habe, sondern nur noch die Erinnerung an die erlittene Kränkung in ihm wirksam gewesen sei. Das reichte nicht, um ihm die für den Fall der Reizung vorgesehene Strafminderung zu versagen. In dem das Gesetz die mildere Bestrafung des vom Vorgesetzten vorschriftswidrig behandelten Untergebenen für den Fall vorschreibt, daß der begreifliche Zorn das Gefühl für die Pflicht der militärischen Unterordnung durchbricht, berücksichtigt es die zeitliche Aufeinanderfolge und vornehmlich die ursächliche Verknüpfung der Ereignisse. Der ursächliche Zusammenhang wird aber keineswegs dadurch ausgeschlossen, daß die Erregung bei dem Untergebenen vorübergehend durch andere Eindrücke zurückgehalten wird und sich erst wieder durchsetzt, wenn irgendein Anlaß ihm die Kränkung wieder in das Gedächtnis zurückruft. (II, 1. Juni 1933.)

Amtl. Sammlg. S. 248—249.

Vgl. Bd. 38 S. 341; Bd. 66 S. 160; Bd. 10 S. 53, 294; Bd. 14 S. 278.

63. **Steuerhinterziehung. Urteilszustellung an die Finanzbehörde. Rechtsmittel.** (RAbgO. §§ 467, 472; GKG. § 6; StPO. §§ 36, 320.) Gegen das Urteil des Schöffengerichts wegen Steuerhinterziehung legte der Angeklagte Berufung ein. Die Strafkammer entschied über das Rechtsmittel, ohne zu beachten, daß das Urteil der Finanzbehörde nicht zugestellt war. Das Reichsgericht verwies die Sache an das Amtsgericht zurück, um das Verfahren von dem Zeitpunkt der Berufungseinlegung an von

neuem durchzuführen. Über die Tat eines Angeklagten kann nur durch ein Urteil entschieden werden; solang also für die Finanzbehörde die Rechtsmittelfrist nicht nutzlos verstrichen oder auch von ihr ein Rechtsmittel eingelegt war, konnte im Berufungsverfahren kein Urteil ergehen. Bedeutungslos war, daß die Finanzbehörde, obwohl sie in der Berufungsverhandlung anwesend war, auf den Mangel erst im Revisionsverfahren hingewiesen hatte. Die Gebühren und Auslagen, die bei richtiger Behandlung der Sache nicht entstanden wären, wurden niedergeschlagen. (III, 12. Juni 1933.) Amtl. Sammlg. S. 250—251.

Vgl. Bd. 61 S. 180; Bd. 65 S. 231.

64. **Freie Willensbestimmung.** (StGB. § 51.) Das Landgericht hatte festgestellt, daß der Angeklagte an epileptischen Anfällen litt, die nach dem ärztlichen Gutachten auf eine Gehirnnervenerkrankung hinwiesen. Es hatte ihn verurteilt, weil er zur Zeit der Ausführung der Tat imstande gewesen sei, die Hemmungen aufzubringen, die einen Durchschnittsmenschen von der Begehung strafbarer Handlungen abhielten. Das reichte nicht aus, um den Zweifel an der Zurechnungsfähigkeit des Angeklagten zu beseitigen; vielmehr mußte aus der Wirkung und Erscheinung des dem Angeklagten eigentümlichen Krankheitszustandes heraus geprüft werden, ob dieser Zustand Raum für eine freie Willensbestimmung ließ oder sie ausschaltete. Hiebei bedurfte es der Berücksichtigung sowohl der Gestaltung der abzuurteilenden Tat des Angeklagten als auch der Besonderheit der verletzten Norm. Wo solche Grenzfragen des Seelenlebens eines kranken Menschen auftauchen, führt eine Betrachtung nicht zum Ziele, die nur allgemein darnach forscht, ob der Kranke mit einem ausreichenden Hemmungsvermögen gegenüber dem Anreiz zur Verletzung der Rechtsordnung ausgestattet ist. Der Anreiz zu gewissen strafbaren Handlungen tritt, wiederum je nach Art und Maß des in der Persönlichkeit des Täters entwickelten Ausnahmezustandes, mit größerer Stärke auf, so daß er die abhaltenden Hemmungsvorstellungen eher völlig überwindet. (II, 15. Juni 1933.)

Amtl. Sammlg. S. 251—252.

65. **Polizeiliches Protokoll. Kommissarische Vernehmung. Verlesung. Unbeendigte Zeugenaussage. Zustimmung zu Verfahrensmängeln.** (StPO. §§ 69, 249, 250.)

Ein Zeuge wurde unter Aussetzung der Beeidigung über seine persönlichen Verhältnisse und über sein Wissen zur Sache befragt; dann wurde im Einverständnis aller Beteiligten auf seine weitere Vernehmung verzichtet. Das Reichsgericht erklärte ein solches Verfahren für unzulässig. Die gesetzliche Regelung läßt es nicht zu, daß die Vernehmung eines Zeugen, bevor er die begonnene Aussage über seine Wahrnehmungen beendet hat, auf Grund eines Verzichts der Prozeßbeteiligten abgebrochen wird. Ist der Zeuge vor einer Vernehmung beeidigt worden, so schließt der Umstand, daß er mit dem Eid für die Offenbarung seines ganzen Wissens eingetreten ist, ein solches Verfahren aus. Ist die Beeidigung bis nach Abschluß der Vernehmung ausgesetzt worden, so kann ihm allerdings nicht angesonnen werden, daß er das unvollständige Zeugnis mit dem Eid, nichts verschwiegen zu haben, bekräftige; daraus ist aber nicht zu folgern, daß der Verzicht der Prozeßbeteiligten es erlaubt, das unbeendete Zeugnis unbeeidigt bestehen zu lassen, obwohl das Gesetz die Beeidigung vorschreibt. Sobald in der Vernehmung eines Zeugen auf die Sache eingegangen worden ist, muß die Vernehmung unter Wahrung der gesetzlichen Vorschriften ungeachtet eines Verzichts der Prozeßbeteiligten zum Abschluß gebracht werden. — Das polizeiliche Protokoll über die Vernehmung eines verstorbenen Zeugen war verlesen worden. Auch hiedurch war das Verfahrensrecht verletzt. Beruht der Beweis einer Tatsache auf der Wahrnehmung einer Person, so ist diese in der Hauptverhandlung zu vernehmen; die Vernehmung darf nicht durch eine schriftliche Erklärung ersetzt werden. Die Verwendung der von einem Zeugen vor der Polizei gemachten Aussage konnte nur in der Weise erfolgen, daß die Polizeibeamten, welche die Protokolle aufgenommen hatten, als Zeugen vernommen wurden; hiebei konnten ihnen die Protokolle zur Unterstützung ihres Gedächtnisses überlassen oder vorgehalten werden. Die ausdrückliche oder stillschweigende Zustimmung der Prozeßbeteiligten war nicht geeignet, die Verlesung der Protokolle zu rechtfertigen. Nur richterliche Protokolle können in solchen Fällen verlesen werden. (II, 22. Juni 1933.) Amtl. Sammlg. S. 252—255.
Vgl. Bd. 14 S. 1; Bd. 36 S. 54; Bd. 37 S. 194; Bd. 66 S. 114.

66. Inland. (StGB. § 244.) Die freie Stadt Danzig ist nicht mehr Bestandteil des Deutschen Reichs; eine von einem Gericht in Danzig ausgesprochene Verurteilung wegen Diebstahls kann also zur Begründung des Rückfalls nur herangezogen werden, wenn Danzig an dem Tag des Urteils noch zum Deutschen Reich gehörte. (III, 22. Juni 1933.) Amtl. Sammlg. S. 255—256.

67. Briefträger. Falschbeurkundung. Öffentliche Urkunde. Bestellungsvermerk. (StGB. §§ 267, 268, 350, 351.) Ein Briefträger unterschlug Gelder, die auf Zahlungsanweisungen auszuzahlen waren, unterschrieb die Anweisungen mit den Namen der Zahlungsempfänger und legte sie als Kassenbelege vor. Er wurde wegen amtlicher Urkundenfälschung verurteilt. Das Reichsgericht bestätigte das Urteil, wies aber darauf hin, daß die von dem Angeklagten auf die Anweisungen gesetzten Bestellvermerke keine Beurkundung zu öffentlichem Glauben bezweckten, sondern nur der inneren dienstlichen Überwachung dienten; insoferne beruhte also die Verurteilung auf Rechtsirrtum. (III, 22. Juni 1933.)

Amtl. Sammlg. S. 256—257.
Vgl. Bd. 11 S. 291.

68. Zigarettensteuer. Wertersatz. (RAbgO. § 401.) Zigarettenpapier, das mit einem fälschlich angefertigten Steuerzeichen versehen war, wurde in den Handel gebracht. Es wurde auf eine Strafe und, da die Einziehung des Papiers nicht mehr möglich war, auf Wertersatz erkannt; als Wert wurde der Ladenpreis eines ordnungsmäßig versteuerten Zigarettenpapiers zugrunde gelegt. Das erklärte das Reichsgericht für falsch. Der Wert steuerpflichtiger Erzeugnisse, hinsichtlich deren eine Steuerhinterziehung begangen worden ist, ist nicht grundsätzlich durch den inländischen Wert nach Verzollung und Versteuerung festzustellen, sondern nach den tatsächlichen Umständen. Bei Tabak, Wein, Likören und dergleichen mag sich der Wert aus dem Preis ergeben, der für Waren gleicher Art und Güte im Inland bezahlt wird, nachdem sie ordnungsmäßig verzollt oder versteuert in den Handel gekommen sind. Im vorliegenden Fall aber war nicht ersichtlich, warum der Wert des Zigarettenpapiers deshalb den Materialwert übersteigen sollte, weil es mit falschen Steuerzeichen versehen war. Wäre es noch vorhanden gewesen und eingezogen worden, so hätte die Steuerbehörde bei seiner Verwertung auch nur den Materialwert erlöst und nicht den Ladenpreis des ordnungsmäßig versteuerten Papiers. (III, 22. Juni 1933.)

Amtl. Sammlg. S. 257—258.

Vgl. Bd. 48 S. 104, 112.

69. **Mord. Ursächlicher Zusammenhang.** (StGB. § 211.) Zwei Männer überfielen eine Frau, um sie zu töten. Als sie zu Boden sank, hielten sie sie für tot und warfen sie in einen Fluß. Später ergab sich, daß der Tod durch Ertrinken eingetreten war. Die Verurteilung wegen Mordes wurde bestätigt. Als Ursache des Erfolgs ist jede Handlung anzusehen, die nicht weggedacht werden kann, ohne daß auch der Erfolg wegfiele. Im gegebenen Fall war die Ursache die Versenkung der Zustand, in den die Angeklagten die Frau versetzt hatten; der Wille aber, der sie bei ihrem Angriff beherrschte, war auf Tötung der Frau gerichtet. Unerheblich war, ob der Angriff ohne die nachfolgende Versenkung der Frau ihren Tod nicht verursacht hätte; jedenfalls hatte er ihn mit dem Willen der Angeklagten verursacht. (I, 23. Juli 1933.)

Amtl. Sammlg. S. 258—259.

Vgl. DRZ. 1932 Nr. 285.

70. **Notwendige Verteidigung. Einschaffung in eine Irrenanstalt.** (StPO. §§ 81, 140.) Nachdem die Anklageschrift am 19. Januar 1933 zugestellt worden war, bat der verhaftete Angeklagte am 24. Januar 1933 um Bestellung eines Verteidigers und um Beiziehung eines Sachverständigen über seinen Geisteszustand. Auf Anordnung des Gerichts untersuchte der Gefängnisarzt den Angeklagten; er beantragte dessen Verbringung in eine Irrenanstalt zum Zwecke der Untersuchung seiner Zurechnungsfähigkeit. Das Gericht ging auf keinen der Anträge ein, sondern eröffnete das Hauptverfahren ohne Bestellung eines Verteidigers. Das Reichsgericht verwies die Sache zurück. An sich lag ein Fall der notwendigen Verteidigung nicht vor, da der Angeklagte den Antrag auf Bestellung eines Verteidigers verspätet gestellt hatte. Auf die Nichtbescheidung seiner Anträge konnte der Angeklagte sich nicht berufen, nachdem er sie in der Verhandlung nicht wiederholt hatte und das Urteil also auf diesem Verstoß nicht beruhte. Auf Grund des Antrags des Gefängnisarztes

hätte aber das Gericht dem Angeklagten einen Verteidiger bestellen müssen; § 81 StPO. enthält eine Ergänzung der Vorschriften über notwendige Verteidigung. Die Auffassung, die Bestellung eines Verteidigers sei nicht nötig, wenn das Gericht den Antrag auf Unterbringung in einer Irrenanstalt ablehnen wollte, findet im Gesetz keine Stütze. Die Bestellung soll gerade dazu dienen, die Entscheidung über den Antrag in einer die Belange des Angeklagten berücksichtigenden Weise vorzubereiten. (II, 26. Juni 1933.) Amtl. Sammlg. S. 259—262.
Vgl. Bd. 37 S. 21.

71. **Beförderungsdiebstahl.** (StGB. § 243.) Einem Kutscher, der Waren auszufahren und das Geld dafür einzuheben hatte, wurde während der Fahrt die Geldtasche, die er umgehängt trug, aufgeschnitten und Geld daraus entwendet. Die Verurteilung wegen Beförderungsdiebstahls wurde vom Reichsgericht nicht bestätigt. Die strenge Strafe für Beförderungsdiebstahl soll dem auf öffentlichen Wegen und in öffentlichen Verkehrsanstalten befindlichen Beförderungsgegenständen, die durch besondere Befestigung, Verwahrung oder Verschluß gesichert sind, einen erhöhten Schutz gewähren, weil sie mehr als andere Sachen der Gefahr des Diebstahls ausgesetzt sind und weil es für den Transportführer schwer ist, solche Gegenstände dauernd persönlich zu überwachen. Gegenstände der Beförderung sind solche, die befördert, von einem Ort zum andern gebracht werden sollen. Darunter fielen die Waren, die der Kutscher an die Kunden abzuliefern hatte. Im Gegensatz dazu standen jene Sachen, die der Kutscher während der Beförderung selbst an seinem Körper bei sich trug, ohne sie als Gegenstand der Beförderung zu behandeln. Für solche Gegenstände besteht kein innerer Grund, ihnen einen erhöhten Strafschutz zu gewähren. (II, 26. Juni 1933.) Amtl. Sammlg. S. 262—263.
Vgl. Bd. 13 S. 245; Bd. 43 S. 217.

72. **Anstiftung zum Meineid. Versicherung an Eides Statt. Zwangslage.** (StGB. §§ 48, 52, 153, 157.) In einer Streitsache sollte ein Zeuge vernommen werden. Um ihn von vornherein auf seine Aussage festzulegen, veranlaßte ihn der Kläger, eine wissentlich falsche Versicherung an Eides Statt abzugeben; diese legte er dem Gerichte vor. Die eidliche Aussage wurde unter der hie-

durch geschaffenen Zwangslage gemacht. Hienach konnte es scheinen, daß eine Anstiftung zum Meineid nicht gegeben war, da der Entschluß zur Leistung des Meineids nicht durch die in dieser Richtung geübte Beeinflussung hervorgerufen worden war. Die Zwangslage war aber keine solche, die geeignet gewesen wäre, einen freien Entschluß des Zeugen zu beseitigen und seinen Entschluß zu einem unfreiwilligen zu machen. Ein rechtlich beachtlicher Ausschluß der freien Entschließung ist erst dann gegeben, wenn die Strafbarkeit der Handlung infolge eines Zwangs im Sinne des § 52 StGB. ausgeschlossen ist. Solange dieser Schuldausschließungsgrund nicht gegeben ist, liegt eine zu verantwortende Handlung vor; die Herbeiführung eines Entschlusses zu einer solchen Handlung durch irgendein Mittel erfüllt den Tatbestand der Anstiftung. Die Angabe der Wahrheit hätte für den Zeugen nur die Verfolgung wegen des Vergehens der wissentlich falschen Versicherung an Eides Statt nach sich ziehen können; nicht aber war er durch unwiderstehliche Gewalt oder durch eine Drohung der in § 52 StGB. bezeichneten Art zu der Begehung des Meineids genötigt. Die Herbeiführung der falschen eidesstattlichen Versicherung war für den Anstifter ein von vorneherein in seinen Vorsatz aufgenommenes Mittel, durch das er den Zeugen zur Begehung des Meineids bestimmen wollte und auch bestimmte. (III, 29. Juni 1933.) Amtl. Sammlg. S. 263—265.

73. **Revision der Staatsanwaltschaft. Kanzleiversehen. Wiedereinsetzung.** (StPO. § 44.) Die Revisionsbegründung der Staatsanwaltschaft wurde zufolge von Feiertagen und anderen dringenden Geschäften verspätet in den Gerichtseinlauf gebracht. Der Antrag auf Wiedereinsetzung in den vorigen Stand wurde abgelehnt. Unregelmäßigkeiten im Geschäftsbetrieb der Staatsanwaltschaft können die Wiedereinsetzung gegen eine Fristversäumnis auch dann nicht rechtfertigen, wenn sie von einem andern als dem leitenden Beamten oder dem mit der Bearbeitung befaßten Staatsanwalt verschuldet worden sind. (III, 3. Juli 1933.) Amtl. Sammlg. S. 265—266.

Vgl. JW. 1891 S. 116; 1925 S. 996.

74. **Gesellschaft mit beschränkter Haftung. Geschäftsführer. Unterschlagung. Zueignung.** (StGB. § 246). Der Geschäftsführer einer G. m. b. H. verfügte über eine

ihm in dieser Eigenschaft anvertraute Sache widerrechtlich zugunsten der G. m. b. H. Das Reichsgericht erklärte es für zweifelhaft, ob damit der Tatbestand der Unterschlagung erfüllt war. Zum Tatbestand des Diebstahls und der Unterschlagung gehört zwar keine Bereicherungsabsicht; der Begriff der Zueignung ist aber nicht erfüllt, wenn der Täter über eine fremde Sache nicht in eigenem Namen und zu eigenem Nutzen, sondern in Vertretung eines andern und zu dessen Nutzen verfügt, weil er alsdann nicht in der Absicht handelt, die Sache als eigene, ihm gehörende zu behandeln und wirtschaftlich auszunutzen. Die Verurteilung wurde gleichwohl aufrecht erhalten, weil es sich um eine Verwandtengesellschaft handelte, in der der Angeklagte die allein maßgebende Person war, so daß die jeweiligen Verfügungen ausschließlich zu seinem eigenen Nutzen getroffen wurden. Hienach begegnete die Annahme, daß er die Sache sich zugeeignet hatte, keinen durchgreifenden rechtlichen Bedenken. (III, 3. Juli 1933.)

Amtl. Sammlg. S. 266—267.

Vgl. Bd. 34 S. 374.

75. Üble Nachrede. Behaupten. Tatsache. Werturteil. (StGB. § 186.) G. hatte gegen H. eine Anzeige erstattet. In der Sache wurde L. als Zeuge vernommen. G. äußerte hierüber: „Da H. den L. vor meiner Anzeige nicht gekannt hat, muß er sich den L. gekauft haben." Bei einer späteren Vernehmung erklärte er: „Ich muß annehmen, daß H. sich den L. gekauft hat." Das genügte, um die Behauptung einer Bestechung anzunehmen. Auch in der ersten Fassung konnte der Satz nicht anders als dahin verstanden werden, aus den vom Angeklagten mitgeteilten Tatsachen müsse gefolgert werden, daß H. sich den L. gekauft habe, dieser Schluß dränge sich ihm auf und er nehme daher an, daß andere ihn ebenfalls ziehen müßten. Eine Tatsache kann auch so behauptet, d. h. als wahr hingestellt werden, daß die gemachte Mitteilung als nur wahrscheinlich, selbst als unwahrscheinlich bezeichnet wird; die Unsicherheit der Grundlage, auf der die Mitteilung beruht, schließt das Tatbestandsmerkmal der Behauptung nicht aus. Dagegen würde die Äußerung, auf Grund bestimmter, mitgeteilter Sachen werde jemand eine gewisse Handlungsweise zugetraut, nicht als die Behauptung der Tatsache anzusehen sein, jener habe so gehandelt, sondern als die Kundgebung eines Werturteils dahin, daß er einer solchen Handlung fähig sei. Erst recht enthält die sittliche, wirtschaftliche und politische Würdigung, die über eine mitgeteilte wirkliche Tatsache geäußert wird, nur ein Werturteil über den wahren Vorgang. Die Entscheidung der Frage hängt von der dem Tatrichter obliegenden Auslegung der Äußerung ab. Keinen Unterschied macht es, ob jemand eine Tatsache als wahr hinstellt auf Grund eigener sinnlicher Wahrnehmung oder, dem Hörer oder Leser erkennbar, auf Grund einer Schlußfolgerung aus bestimmten Tatsachen, die er kennt oder zu kennen meint, also als persönliches Urteil. Es kann im zweiten Fall auch nicht darauf ankommen, ob der Behauptende die Unterlagen seiner Schlußfolgerung mitteilt oder nicht, und es kann an der Beurteilung nichts ändern, daß der Behauptende die Kundgebung des von ihm gezogenen Schlusses in Wendungen einkleidet wie „meines Erachtens", „offenbar", „muß angenommen werden". Als Tatsachen kommen auch innere Vorgänge, insbesondere der von jemand mit einer Handlung angestrebte Zweck oder die ihn leitende Absicht in Betracht. (I, 4. Juli 1933.)

Amtl. Sammlg. S. 268—271.

Vgl. Bd. 24 S. 300; Bd. 38 S. 368; Bd. 60 S. 10.

76. **Falschbeurkundung. Briefträger. Annahmebuch. Öffentliches Register.** (StGB. §§ 348, 349, 350, 351, 354.) Ein Landbriefträger trug wiederholt in seinem Annahmebuch falsche Eintragungen ein. Das Landgericht sah das Annahmebuch nicht als öffentliches Register an. Das Reichsgericht verwies die Sache zurück. Die Einlieferung des auf eine Postanweisung oder Zahlkarte eingezahlten Geldes kann, wenn der Einlieferungsschein verloren gegangen ist, zugunsten des Einzahlers gegen die Postkasse auch durch das Annahmebuch bewiesen werden; auch das Datum der jeweiligen Einlieferung ist von rechtlich erheblicher Bedeutung. Das Annahmebuch ist auch dazu bestimmt, jedermann zu dienen, der eine Einzahlung beweisen will; den vorgeschriebenen Einträgen kommt Beweiskraft für und gegen jedermann zu. (III, 6. Juli 1933.)

Amtl. Sammlg. S. 271—272.

Vgl. Bd. 21 S. 310; Bd. 53 S. 109; Bd. 64 S. 328; Bd. 65 S. 32.

77. Untreue. Sicherungsabtretung. Straflose Nachtat. (StGB. § 266; StPO. § 358.) Durch bewußt falsche Vorspiegelungen veranlaßte der Pächter eines Lichtspieltheaters einen andern, in den Pachtvertrag einzutreten, ihm ein Abstandsgeld zuzusichern und zur Sicherheit vier Hypotheken abzutreten. Von den Hypotheken trat er zwei weiter ab. Er wurde wegen Betrugs und Untreue in Tatmehrheit verurteilt. Das Reichsgericht verwies die Sache zurück. Die Verurteilung wegen Betrugs war an sich einwandfrei. Durch den Betrug hatte sich der Angeklagte eine durch die Abtretung der Hypotheken besonders gesicherte Gläubigerstellung verschafft. Eine strafbare Untreue hatte das Landgericht darin gefunden, daß der Angeklagte die beiden Hypotheken weiter abgetreten hatte, ohne daß eine schuldhafte Verletzung der Vertragspflichten seines Schuldners gerichtlich festgestellt war. Hiebei war das Wesen der Sicherungsabtretung verkannt. Die Abtretung zur Sicherheit enthält begrifflich einen Auftrag und begründet ein Treuverhältnis zwischen dem Abtretenden und dem Abtretungsempfänger. Der Abtretungsempfänger ist verpflichtet, neben seinen eigenen Interessen auch jene des Abtretenden wahrzunehmen, also z. B. die Forderung, zu deren Geltendmachung er durch die Abtretung befugt wird, ordnungsmäßig einzuziehen und den Erlös, soweit er ihn nicht vertragsmäßig behalten darf, an den Abtretenden herauszugeben. Dieser Anspruch des Abtretenden ist ein der Untreue durch den Abtretungsempfänger zugängliches Vermögensstück des Auftraggebers. Der Abtretungsempfänger ist, wenn nichts anderes vereinbart ist, berechtigt, ohne weiteres seine Befriedigung aus der abgetretenen Forderung zu suchen, wenn sein Schuldner nach Eintritt der Fälligkeit nicht leistet. Es bedarf hiezu weder einer gerichtlichen Feststellung des Bestehens seiner gesicherten Forderung oder deren Fälligkeit oder gar des Schuldnerverzugs, noch der Zustimmung des Schuldners; auch Unstreitigkeit, insbesondere Feststehen des Betrags, ist nicht erforderlich. Da tatsächlich der Schuldner mit seinen Leistungen im Verzug war, ließ sich die Verurteilung des Angeklagten wegen Untreue nicht aufrechterhalten. Das Verhalten des Angeklagten war aber gleichwohl strafrechtlich nicht ohne Belang; es war eine straflose Nachtat, richtiger die Weiter-

führung des schon vollendeten, aber noch nicht beendeten Betrugs, da auf diese Weise der Schaden seines Vertragsgegners erweitert und vertieft worden war. Um das Landgericht in die Lage zu setzen, die Strafe für den Betrug zu erhöhen, wurde das Urteil auch nach dieser Richtung aufgehoben. Höher als die bisher ausgesprochene Gesamtstrafe durfte die Strafe nicht bemessen werden. (III, 6. Juli 1933.) Amtl. Sammlg. S. 273—276.
Vgl. Bd. 15 S. 426; Bd. 35 S. 64; Bd. 48 S. 290; Bd. 59 S. 190; Bd. 62 S. 58; Bd. 76 S. 345; Bd. 95 S. 244; Bd. 116 S. 330; JW. 1914 S. 76; 1928 S. 2782.

78. **Ergänzungsrichter. Ablehnung.** (GVG. § 192; StPO. §§ 25, 28, 30). Ein Schöffe wies während der Verhandlung auf Umstände hin, die ihn als befangen erscheinen ließen. Der Staatsanwalt lehnte ihn daraufhin ab. Das Landgericht gab dem Antrag statt. Hierin lag kein Rechtsverstoß. Wenn auch nach Verlesung des Eröffnungsbeschlusses kein Ablehnungsantrag mehr angebracht werden kann, so hat das Gericht doch, wenn ein Richter selbst sich für befangen erklärt, von Amts wegen zu prüfen, ob er ausgeschlossen ist; daß der Staatsanwalt die Ablehnung erklärt hatte, war belanglos. Für das Verfahren vor und nach Eintritt eines Ergänzungsrichters erklärte das Reichsgericht folgendes: Solange sich der Fall der Verhinderung eines Richters nicht verwirklicht, hat der Ergänzungsrichter der Verhandlung beizuwohnen und kann in dieser dieselben Rechte ausüben wie ein anderer Richter; dagegen hat er bei den vor seinem Eintritt ergehenden Entscheidungen nicht mitzuwirken. Sind im Laufe der Verhandlung Entscheidungen ergangen, so werden diese mit dem Eintritt des Ergänzungsrichters nicht hinfällig. Die Wiederholung einer Beschlußfassung kann aber durch die Umstände notwendig werden. Das gilt insbesondere für abgelehnte Beweisangebote. Trotz der Ablehnung bleibt das tatsächliche Vorbringen, für das Beweis angeboten worden ist, erhalten. Bei der Urteilsfindung muß das Gericht diesem Vorbringen seine Aufmerksamkeit von neuem zuwenden und, wenn es Anträge abgelehnt hat, weil die behauptete Tatsache unerheblich sei oder als wahr gelten könne, wiederholt erwägen, ob der Ablehnungsgrund sich bei der nunmehr stattfindenden abschließenden und zusammenfassenden Betrachtung auf-

rechterhalten läßt. Dem Angeklagten steht es frei, seinen Beweisantrag zu wiederholen; sieht er davon ab oder erzielt er keinen Erfolg, so liegt, wenn die neuerliche Prüfung unterbleibt, unzulässige Beschränkung der Verteidigung vor. (II, 6. Juli 1933.) Amtl. Sammlg. S. 276—279. Vgl. Bd. 27 S. 172; Bd. 30 S. 123; JW. 1915 S. 720.

79. **Aszendententotschlag. Strafzumessung. Privatgespräch als Revisionsgrund.** (StGB. § 215; StPO. § 261.) Wegen Totschlags, verübt an dem eigenen Vater, war auf eine Zuchthausstrafe von 15 Jahren erkannt worden. In der Urteilsbegründung war gesagt, daß für eine Tötung der Eltern eigentlich nur die Todesstrafe als angemessene Sühne angesehen werden könne. Das Reichsgericht bemerkte, daß es nicht Sache des Gerichts sei, Erwägungen darüber anzustellen, ob der gesetzliche Strafrahmen zu hoch oder zu niedrig ist. Der Angeklagte war aber durch diese Ausführung nicht beschwert, da das Schwurgericht nicht auf die gesetzliche Höchststrafe (lebenslängliches Zuchthaus) erkannt hatte. — Während das Gericht sich zu einer Beratung zurückgezogen hatte, führte ein Geschworener ein Gespräch mit einem schon vernommenen Sachverständigen. Die hierauf gestützte Revision hatte keinen Erfolg. Es lag kein Anhaltspunkt dafür vor, daß das private Wissen, das sich der Geschworene auf diese Weise verschaffte, zur Verurteilung des Angeklagten beitrug, daß sich also das Gericht seine Überzeugung nicht allein aus dem Inbegriff der Verhandlung geschöpft hatte. Aus den Urteilsgründen ergab sich ein solcher Anhaltspunkt nicht und die Vorgänge während der Beratung konnten nicht nachgeprüft werden. (I, 11. Juli 1933.)

Amtl. Sammlg. S. 279—281.
Vgl. Bd. 50 S. 154; Bd. 61 S. 217.

80. **Rechtsmittel. Zurücknahme. Hauptverhandlung.** (StPO. §§ 260, 303, 329). Gegen ein schöffengerichtliches Urteil legten der Angeklagte und die Staatsanwaltschaft Berufung ein. Zur Berufungsverhandlung erschien der Angeklagte nicht rechtzeitig; seine Berufung wurde demgemäß verworfen. Als er sich später einfand, wurde über die Berufung der Staatsanwaltschaft verhandelt; die Verhandlung wurde ausgesetzt, weil ein Sachverständiger Beobachtung des Angeklagten in einer Irrenanstalt beantragt und das Gericht dementsprechend beschlossen hatte.

Vor Anberaumung einer neuen Hauptverhandlung nahm die Staatsanwaltschaft ihre Berufung zurück. Das Landgericht lehnte den Antrag des Angeklagten auf Ansetzung eines neuen Termins zunächst ab; nachdem auf Anordnung des Oberlandesgerichts neuer Verhandlungstermin angesetzt worden war, entschied es, daß die Berufung der Staatsanwaltschaft durch Zurücknahme erledigt sei. Die Revision des Angeklagten hatte keinen Erfolg. Die Vorschrift, daß nach Beginn der Hauptverhandlung ein Rechtsmittel nur mit Zustimmung des Gegners zurückgenommen werden kann, hat nicht nur die Interessen des Angeklagten im Auge, beruht vielmehr auf allgemeinen, aus der Stellung und Bedeutung des erkennenden Gerichts im Strafverfahren hergeleiteten Gesichtspunkten. Mit den Worten „Beginn der Hauptverhandlung" kann nur die Verhandlung gemeint sein, auf Grund deren — bei Aufrechterhaltung des Rechtsmittels — das Urteil ergehen müßte. Muß die Verhandlung aus irgendwelchen Gründen ausgesetzt werden, so verliert sie ihre für den Regelfall gesetzlich vorgesehene Bedeutung, als maßgebende Grundlage der Entscheidung zu dienen und das Gericht zu dieser zu verpflichten. Die Entscheidung kann dann nur in einer neuen Hauptverhandlung gefällt werden. Bis zu deren Beginn ist die Zurücknahme des Rechtsmittels zulässig. Das gleiche hätte zu gelten, wenn eine Sache zur neuen Verhandlung und Entscheidung zurückverwiesen **würde.** (III, 13. Juli 1933.) Amtl. Sammlg. S. 281—287. Vgl. Bd. 65 S. 231; JW. 1932 S. 3112; 1933 S. 1088.

81. **Zeuge. Informatorische Vernehmung. Sitzungsprotokoll.** (StPO. §§ 60, 61, 238, 274.) In einer Hauptverhandlung wegen Konkursverbrechens gab der Konkursverwalter, der als Zuhörer anwesend war, einige Erläuterungen aus den Konkursakten. Das Reichsgericht erklärte das für unzulässig. Da der Vorgang durch eine dienstliche Äußerung des Vorsitzenden klargelegt worden war, brauchte sich das Revisionsgericht nicht an das Sitzungsprotokoll zu halten, konnte vielmehr den Sachverhalt in freier Beweiswürdigung prüfen. Gegen die Richtigkeit der Darstellung des Vorsitzenden ergab sich kein Bedenken. Der Konkursverwalter hatte seine Wissenschaft zur Sache zur Kenntnis des Gerichts gebracht. Damit hatte er die Stellung eines Zeugen eingenommen

und wäre zu beeidigen gewesen. Ob der Vorgang von den Beteiligten gebilligt worden war, machte nichts aus. Die Revision des Angeklagten wurde gleichwohl verworfen, weil auf dem Mangel das Urteil nicht beruhte; der vom Konkursverwalter bekundete Sachverhalt war durch die Aussagen anderer Zeugen und durch die eigenen Angaben des Angeklagten bestätigt worden. (III, 13. Juli 1933.)
Amtl. Sammlg. S. 287—288.

82. **Meineid. Strafermäßigung. Prozeßbetrug. Allgemeiner Erfahrungssatz.** (StGB. §§ 157, 263.) In einem Verfahren wegen Meineids berief sich der Angeklagte darauf, daß er bei Angabe der Wahrheit eine Verfolgung wegen Prozeßbetrugs zu gewärtigen gehabt hätte; er war als Zeuge in einem Verfahren vor dem Arbeitsgericht unbeeidigt vernommen worden und hatte durch unrichtige Angaben dazu beigetragen, daß die Klage durchdrang. Das Schwurgericht lehnte eine Strafermäßigung ab, weil mit einer Verfolgung wegen Prozeßbetrugs nach der Erfahrung des Lebens überhaupt nicht gerechnet werden könne. Das Reichsgericht erklärte, daß diese Annahme auf einer Verkennung allgemeiner Erfahrungsgrundsätze beruhe und darum das Reichsgericht nicht binde. Die Angabe der Wahrheit hätte zur Folge haben können, daß der vor dem Arbeitsgericht unterlegene Beklagte eine Strafanzeige wegen Betrugs gegen den damaligen Kläger erstattet hätte; dies hätte auch zu einer Verfolgung des nunmehrigen Angeklagten wegen Betrugs führen können. (I, 14. Juli 1933.) Amtl. Sammlg. S. 289.
Vgl. Bd. 61 S. 154.

83. **Kommunalbeamter. Ruhegehaltskürzung. Dienstaufwand Betrug.** (StGB. § 263; PrKommBG. § 13; PrPensG. § 27). Der Bürgermeister der Stadt H. trat in den Ruhestand. Nach einiger Zeit wurde er in der Stadt T. zum Bürgermeister gewählt, seine Dienstbezüge wurden auf 5400 *RM* festgesetzt; außerdem erhielt er 3000 *RM* aus einer besonderen Kasse. Der Stadt H. wurden nur 5400 *RM* mitgeteilt, so daß nur dieser Betrag der Berechnung der Kürzung des Ruhegehalts zugrunde gelegt wurde. Er wurde wegen Betrugs verurteilt. Das Reichsgericht verwies die Sache zurück. Das Recht der preußischen Kommunalbeamten auf den Bezug von Pension ruht, wenn und solange ein Ruhegehaltsempfänger in einem öffent-

lichen Dienst ein Diensteinkommen bezieht, insoweit, als der Betrag des neuen Diensteinkommens unter Hinzurechnung des zuvor verdienten Ruhegehalts den Betrag des vom Beamten vor der Versetzung in den Ruhestand bezogenen Diensteinkommens übersteigt. Bei der Berechnung des früheren und des neuen Diensteinkommens sind die Aufwandsentschädigungen und die jederzeit widerruflichen Zulagen für eine Tätigkeit bei bestimmten Behörden nicht mitanzusetzen; dagegen sind die nach dem Familienstand zu zahlende Beihilfe und die zur Anpassung an die allgemeine und die örtliche Wirtschaftslage gewährten Zuschläge hinzuzurechnen. Durch besondere Vereinbarungen können diese Vorschriften nicht abgeändert werden. Darüber, welcher Teil des Diensteinkommens eine Dienstaufwandsentschädigung ist, entscheidet, soweit nicht bindende Vorschriften hierüber bestehen, die Anstellungsbehörde unter Ausschluß des Rechtswegs; doch sind bei der Berechnung der Kürzung solche Beträge zu berücksichtigen, die zwar als Dienstaufwandsentschädigung bezeichnet sind, tatsächlich aber nicht zur Deckung eines Dienstaufwands, sondern zur Bestreitung des Lebensunterhalts dienen. Die Mitteilung über Wiederbeschäftigung eines Ruhegehaltsempfängers und über die Höhe seiner Bezüge hat die Behörde zu machen, die ihn anstellt. Der Ruhegehaltsempfänger selbst ist zu einer solchen Benachrichtigung oder zur Veranlassung jedenfalls dann verpflichtet, wenn er kraft seiner neuen Dienststellung dafür verantwortlich ist; in der Unterlassung der Benachrichtigung kann dann die Unterdrückung einer wahren Tatsache liegen. Eine Täuschungshandlung kann aber auch darin gefunden werden, daß der Ruhegehaltsempfänger in Kenntnis des Umstandes, daß eine Kürzung geboten und nur infolge Nichtbenachrichtigung der zuständigen Behörde unterblieben ist, das ungekürzte Ruhegehalt wider Treu und Glauben unter Verschweigung der gebotenen Kürzung abhebt oder entgegennimmt. Im vorliegenden Fall stand aber nicht fest, wofür und in welcher Höhe den Amtsvorgängern des Angeklagten und diesem selbst Dienstaufwandsentschädigungen gewährt wurden und welcher Dienstaufwand von ihm zu bestreiten war. Zu ermitteln war auch, wie die Pensionskürzung in anderen Städten bei ähnlicher Sachlage praktisch gehandhabt wurde und ob der Angeklagte hiedurch vielleicht zu einer irrigen Rechtsauffassung gelangt war. Endlich bedurfte auch noch der Prüfung, wer nach den zuständigen Vorschriften zur Benachrichtigung der das Ruhegehalt zahlenden Behörde in erster Linie verpflichtet war, und in welcher Weise der Angeklagte gegen eine ihm obliegende Rechtspflicht zur Benachrichtigung verstoßen hatte. (Feriensenat, 20. Juli 1933.) Amtl. Sammlg. S. 289—293.

Vgl. RGZ. Bd. 84 S. 364; Bd. 90 S. 259.

84. **Münzvergehen. Falschgeld. Empfangen. Sich verschaffen. Gesetzesauslegung.** (StGB. § 148.) Falschgeld wurde in den Verkehr gebracht. Der Täter berief sich darauf, daß er das Geld, das ein anderer weggeworfen habe, an sich genommen habe ohne zu erkennen, daß es falsch sei. Das Gericht unterstellte das als wahr, erachtete aber für nachgewiesen, daß er die Unechtheit des Geldes nachträglich und zwar schon vor der Verausgabung erkannte. Das genügte zu seiner Verurteilung. Im Schrifttum ist bestritten, ob unter den Begriff „als echtes empfangen" nur der abgeleitete Erwerb fällt oder auch der Erwerb durch Diebstahl oder Fund. Das Reichsgericht schloß sich der zweiten Meinung an. Bei der Gesetzesauslegung ist neben dem Wortlaut, also neben dem allgemeinen Sprachgebrauch und der in Gesetzgebung und Rechtsprechung übliche und der einem einzelnen Gesetz erkennbar zugrunde liegende besondere Sprachgebrauch sowie der Sinn des Gesetzes zu berücksichtigen, der sich aus der Entstehungsgeschichte, aus dem Zusammenhang mit anderen gesetzlichen Bestimmungen und aus dem Zweck des Gesetzes ergibt und zu einem vom allgemeinen Sprachgebrauch abweichenden Ergebnis führen kann; hienach ist ein ungeschickt gewählter Wortlaut zu berichtigen. Durch jedes Inverkehrbringen falschen Geldes wird das Rechtsgut der Sicherheit des Geldverkehrs verletzt. Bei der Strafdrohung des § 148 StGB. dachte der Gesetzgeber in erster Linie an die Fälle, in denen jemand von einem anderen für eine Leistung gutgläubig falsches Geld bekommen hat und dieses nun abschiebt, um sich vor Schaden zu bewahren. Ist aber schon ein solches, der Schadenabwendung dienendes Verhalten strafwürdig, so wäre nicht einzusehen, weshalb von der Strafdrohung ausgenommen sein sollte, wer Falschgeld ohne Kenntnis der Unechtheit gestohlen oder gefunden hat und, nachdem er die Unecht-

heit erkannt hat, es als echt in den Verkehr bringt. Zwischen dem Vergehen der Abschiebung von Falschgeld und Betrug kann Tateinheit bestehen. Fundunterschlagung kam nicht in Frage, da der frühere Besitzer des Geldes den Besitz in der Absicht, auf das Eigentum zu verzichten, aufgegeben hatte. (Feriensenat 27. Juli 1933.)

Amtl. Sammlg. S. 294—298.
Vgl. Bd. 6 S. 142; Bd. 54 S. 219; Bd. 58 S. 412; Bd. 59 S. 79; Bd. 62 S. 369.

85. **Polizeiverwalter. Fahrlässige Gefangenenbefreiung. Festnahme.** (StGB. §§ 346, 347; StPO. §§ 127, 128.) Dem Bürgermeister einer sächsischen Landgemeinde wurde ein Mann vorgeführt, der bei Begehen eines Diebstahls ergriffen worden war; der gestohlene Geldbetrag war ihm abgenommen und dem Eigentümer zurückgegeben worden. Der Bürgermeister nahm an, daß es sich um einen Notdiebstahl gehandelt habe; da ein Strafantrag nicht gestellt war, ließ er den Mann auf seine Bitten frei. Seine Verurteilung wegen fahrlässiger Gefangenenbefreiung war mit Recht abgelehnt worden. Der festgenommene Mann war durch die Festnahme noch nicht zu einem Gefangenen geworden; dafür wäre notwendig gewesen, daß der Angeklagte ihn in seine amtliche Gewalt übernommen hätte. Ein Polizeiverwalter ist keineswegs verpflichtet, einen von einer Privatperson Festgenommenen unter allen Umständen festzuhalten. Sieht er fahrlässigerweise von einer Festhaltung ab, so kann das nur eine disziplinarische Ahndung zur Folge haben. (I, 26. September 1933.) Amtl. Sammlg. S. 298—299.
Vgl. Bd. 13 S. 255.

86. **Beamter. Verwendung in einem gewerblichen Betrieb. Bestechung.** (StGB. § 331.) Eine Stadt überließ ihre Straßenbahn einer Aktiengesellschaft; sie übernahm den größten Teil der Aktien. Die Gesellschaft verwendete die bisher dort beschäftigten Beamten in der bisherigen Weise weiter. Einer dieser Beamten wurde wegen Bestechung verurteilt. Seine Revision hatte keinen Erfolg. Der Angeklagte war durch seine Anstellung bei der Stadt Beamter im staatsrechtlichen Sinne geworden und war aus dieser Stellung auch während seiner Verwendung bei der Straßenbahnaktiengesellschaft nicht wieder ausgeschieden. Der Wille der Stadtverwaltung war zweifelsfrei dar-

auf gerichtet, den schon bei der Gründung der Gesellschaft im Dienste der Straßenbahn verwendeten Beamten diese Eigenschaft zu erhalten; das wurde im Gesellschaftsvertrag ausdrücklich festgestellt. Diese Beamten galten nicht als beurlaubt, sondern als zur Dienstleistung zugewiesen und verrichteten ihren Dienst bei der Gesellschaft im Auftrag der Stadt. Daß die Gesellschaft die Zahlung der Gehälter übernommen hatte, erklärte sich daraus, daß ihr auch die Vorteile der Dienstleistung zuflossen. (I, 26. September 1933.) Amtl. Sammlg. S. 299—303.

Vgl. Bd. 14 S. 345; Bd. 60 S. 139.

87. **Branntweinmonopol. Freibezirk. Verbrauch. Monopolausgleich. Irrtum.** (BZG. §§ 13, 16, 21, 107, 152; ZollTarG. § 5; StGB. § 49; RAbgO. § 358.) Ein Großhändler, der im Stettiner Freibezirk ein Lager hatte, gab dort an Angestellte, Arbeiter, Kunden und Geschäftsfreunde Liköre, Zigarren und Zigaretten zum alsbaldigen Genuß ab. Seine Freisprechung von der Anklage wegen Zollhinterziehung, Tabaksteuerhinterziehung und Branntweinmonopolausgleichshinterziehung wurde vom Reichsgericht bestätigt. Freibezirke sind zollgesetzlich als Ausland anzusehen. Vom Branntweinmonopolgebiet sind die Freibezirke nicht ausgeschlossen. Branntwein, der in einem Freibezirk getrunken wird, unterliegt dem Monopolausgleich, auch wenn für ihn kein Zoll zu entrichten ist. Nach dieser Richtung lag aber auf Seite des Angeklagten unverschuldeter Irrtum über steuerrechtliche Vorschriften vor, infolgedessen er die Tat für erlaubt hielt. Dieser Irrtum schloß auch eine Bestrafung wegen Ordnungswidrigkeit aus. Für seinen täglichen Gebrauch hatte der Angeklagte wiederholt Zigarren und Zigaretten unverpackt aus dem Freibezirk in das Zollinland eingeführt. Auch nach dieser Richtung war er freigesprochen worden; die Revision des Hauptzollamtes hatte keinen Erfolg. Von der Verzollung sind befreit die der Gewichtsverzollung unterliegenden Waren in Mengen unter 50 Gramm. Das Hauptzollamt vertritt die Auffassung, daß diese Zollbefreiung die Gestellung bei einem Zollamt zur Voraussetzung habe. Das ist aber dem Gesetz nicht zu entnehmen. Der Zweck der Vorschrift geht dahin, im Interesse der Verwaltung und des Verkehrs die Berechnung und Erhebung von Zollbeträgen zu vermeiden, deren Geringfügigkeit in keinem

Verhältnis zu der aus der Berechnung, Buchung und Einhebung sich ergebenden Mühewaltung stehen würde. Dieser Zweck spricht für die Befreiung von jeder zollamtlichen Behandlung. Aus diesem Grunde sind auch die mit der Post eingehenden Warensendungen bis 250 Gramm Rohgewicht zollfrei. (III, 5. Oktober 1933.)

Amtl. Sammlg. S. 303—310.

Vgl. Bd. 9 S. 361; Bd. 61 S. 238; Bd. 64 S. 25; Bd. 66 S. 341; RFH. Bd. 15 S. 297; Bd. 18 S. 297; Bd. 20 S. 183.

88. **Kuppelei. Notwendige Verteidigung. Beschwerde.** (StGB. §§ 180, 181; StPO. §§ 140, 141, 305.) Zu einem ländlichen Anwesen gehörte ein Austragshaus, das getrennt vom Hauptgebäude lag. Das Anwesen gehörte der Frau; diese vermietete das Haus an ihren Sohn. Mit Wissen der Eltern lebte dieser dort mit einer Frauensperson zusammen. Die Verurteilung des Vaters wegen schwerer Kuppelei wurde vom Reichsgericht nicht bestätigt. Das Elternverhältnis verpflichtete den Angeklagten nicht zu einem Einschreiten, da der Sohn schon volljährig war. Das Landgericht hatte eine solche Pflicht daraus abgeleitet, daß der Angeklagte als Verwalter des eingebrachten Vermögens seiner Frau das Recht gehabt habe, das Mietverhältnis aufzuheben. Auch hiegegen äußerte das Reichsgericht Bedenken. Eine allgemeine Rechtspflicht des Vermieters, der Unzuchtausübung des Mieters nach Möglichkeit entgegenzutreten, ist nicht anzuerkennen; das um so weniger, als das bloße Gewähren einer Wohnung regelmäßig nicht als strafbare Förderung der Unzucht anzusehen ist. Auch wenn man eine solche Rechtspflicht annehmen wollte, käme in Frage, ob nach den besonderen, hier gegebenen Verhältnissen dem Angeklagten als Vater zuzumuten war, gegen seinen erwerbslosen Sohn auf gerichtlichem Weg vorzugehen und ihn seiner Unterkunft zu berauben oder gar ihm durch Veranlassung polizeilichen Einschreitens weitere Ungelegenheiten zu bereiten. Der Angeklagte, der sich in Haft befand, hatte beantragt, ihm einen bestimmten Rechtsanwalt als Verteidiger beizugeben; zugleich hatte er Haftbeschwerde eingelegt. Über der Behandlung der Haftbeschwerde wurde der Antrag auf Bestellung eines Verteidigers übersehen. Später wiederholte der Angeklagte den Antrag; nunmehr wurde er als

verspätet abgelehnt. Hiegegen legte er Beschwerde ein. Das Gericht erachtete diese für unzulässig und behandelte sie nicht weiter. In der Verhandlung wiederholte der Angeklagte, der ohne Verteidiger erschienen war, seinen Antrag; das Gericht ging nicht darauf ein. Das Reichsgericht erklärte dieses Vorgehen für gesetzwidrig. Die Vorschrift, daß Entscheidungen des erkennenden Gerichts, die der Urteilsfällung vorhergehen, der Beschwerde nicht unterliegen, gilt nur für solche Entscheidungen, die nach Eröffnung des Hauptverfahrens erlassen werden, in innerem Zusammenhang mit der Urteilsfällung stehen, ausschließlich ihrer Vorbereitung dienen und bei der Urteilsfällung selbst der nochmaligen Prüfung des Gerichts unterliegen. Auf die Entscheidungen über Bestellung eines Verteidigers trifft das nicht zu. Stünde gegen solche Entscheidungen dem Angeklagten nur das gegen das Urteil gegebene Rechtsmittel zu, so könnte der ihm durch die Unmöglichkeit schon vor der Hauptverhandlung, auch schon vor Eröffnung des Hauptverfahrens sich der Hilfe eines Verteidigers zu bedienen, zugefügte Rechtsnachteil auch bei Aufhebung des Urteils vielfach nicht mehr gutgemacht werden. Die Beschwerde war also zulässig ebenso demgemäß die Rüge ihrer Nichtbescheidung. Daß der Angeklagte in der Hauptverhandlung auf die Beschwerde nicht zurückkam, konnte um so weniger als ein Verzicht auf sie angesehen werden, als er den Antrag auf Beigabe eines Verteidigers wiederholte. Ein Fall der notwendigen Verteidigung war gegeben; § 140 Abs. 3 gilt nunmehr, nachdem die Strafkammern wieder erstinstanzielle Gerichte sind, auch für die vor ihnen zu verhandelnden Sachen. Die Verhandlung hatte also in Abwesenheit einer Person stattgefunden, deren Anwesenheit vorgeschrieben ist. (II, 21. September 1933.) Amtl. Sammlg. S. 310—315.
Vgl. Bd. 6 S. 441; Bd. 20 S. 38; Bd. 33 S. 302; Bd. 40 S. 165; Bd. 43 S. 179; Bd. 48 S. 386; Bd. 62 S. 140.

89. **Einstellung des Verfahrens. Verbrauch der Strafklage.** (StPO. § 153.) Mit Zustimmung des Amtsgerichts stellte die Staatsanwaltschaft ein Verfahren ein und gab das dem Beschuldigten bekannt; nachträglich nahm sie das Verfahren wieder auf. Das war zulässig. Eine derartige Einstellung verbraucht die Strafklage nicht; nur rechtskräftige strafrichterliche Entscheidungen, die das Verfah-

ren sachlich beenden, haben diese Wirkung. Die Zustimmung des Amtsgerichts hat keine bindende Wirkung für die Entschließung der Staatsanwaltschaft. Verfügt sie die Einstellung, so trifft sie eine Entscheidung nach ihrem Ermessen. Eine solche Entscheidung hat keine rechtskräftige Wirkung. (II, 9. Oktober 1933.)

Amtl. Sammlg. S. 315—316.

Vgl. Bd. 65 S. 291.

90. **Wiederaufnahme. Untersuchungshaft. Entschädigung. Beschwerde. Rechtsmittel.** (StPO. §§ 328, 329; EntschG. §§ 1, 4.) Im wiederaufgenommenen Verfahren war der Angeklagte, der früher zu Zuchthaus verurteilt worden war, vom Schöffengericht wegen nichtbegründeten Tatverdachts freigesprochen worden. Auf die Berufung der Staatsanwaltschaft sprach ihn das Landgericht wegen nicht völlig ausreichenden Beweises frei und entschied, daß er die ihm erwachsenden Auslagen selbst zu tragen habe. Die Revision des Angeklagten wurde als unzulässig zurückgewiesen. In der Freisprechung mangels ausreichenden Schuldbeweises lag keine Beschwer. Der Angeklagte hatte keinen rechtlich begründeten Anspruch darauf, die Schuldfrage gerade aus dem von ihm gewünschten Grund verneint zu sehen. Die Erwägung, daß der Angeklagte wegen nicht völlig ausreichenden Beweises freigesprochen werde, hätte in die Urteilsgründe gehört; daß sie in die Formel aufgenommen wurde, bedeutete für den Angeklagten keinen Nachteil, konnte einen solchen auch nicht für die Frage der Entschädigungspflicht des Staates begründen. Für diese Frage ist nur der Beschluß maßgebend, den das Berufungsgericht auf Grund des Ergebnisses der Berufungsverhandlung zu erlassen hatte. Dieser Beschluß ist jedem Rechtsmittelangriff entzogen; es geht nicht an, auf dem Umweg über die Revision gegen ihn anzukämpfen. In dem Ausspruch, daß der Angeklagte die Auslagen selbst zu tragen habe, lag kein Rechtsverstoß. (III, 10. Oktober 1933.)

Amtl. Sammlg. S. 317—322.

Vgl. Bd. 39 S. 291; Bd. 53 S. 350.

91. **Nebenklage. Widerruf der Anschlußerklärung. Buße.** (StPO. §§ 391, 395, 396, 397, 402.) Die Anschlußerklärung als Nebenkläger kann auch noch im Revisionsverfahren widerrufen werden. Dem steht die Vorschrift nicht entgegen, daß der Nebenkläger die Rechte des Pri-

vatklägers hat und dieser seine Klage nur bis zur Verkündung des letzten Urteils in den Tatsacheninstanzen zurücknehmen kann; die Vorschrift gibt dem Nebenkläger gewisse Rechte, sagt aber nicht, wann sie beginnen und wann sie aufhören. Die Anschließung als Nebenkläger und deren Beendigung sind von den entsprechenden Bestimmungen der Privatklage unabhängig und vollkommen selbständig geregelt. Bei der Zurücknahme der Privatklage fallen alle Urteile, die etwa schon ergangen sind, zusammen; das soll nach Beendigung der Tatsacheninstanzen verhütet werden. Im Falle des Widerrufs der Anschlußerklärung eines Nebenklägers bleiben aber die einmal ergangenen Urteile bestehen; es liegt also kein Grund vor, den Nebenkläger ebenso fest an dem Verfahren zu halten wie den Privatkläger. Durch den Widerruf wird die Zuerkennung einer Buße hinfällig; das ist im Urteil klarzustellen. (III, 25. September 1933.) Amtl. Sammlg. S. 322—323. Vgl. Bd. 7 S. 376; Bd. 9 S. 223; Bd. 31 S. 334; Bd. 32 S. 346; Bd. 60 S. 283; Bd. 63 S. 53; Bd. 64 S. 60, 348; Bd. 67 S. 53.

92. Züchtigungsrecht des Geistlichen. Religionsunterricht. Irrtum. (RVerf. Art. 149; StGB. §§ 59, 223; PrG. vom 13. Mai 1873 § 1; PrALR. II 12 §§ 50, 53.) Ein Geistlicher in Schlesien verlangte während des Beichtunterrichts von einem Schüler, daß dieser Worte, die er ihm deutsch vorsprach, in polnischer Sprache nachspreche. Als der Knabe das verweigerte, gab er ihm einen Schlag ins Gesicht. Das Berufungsgericht sprach ihn von der Anklage der Körperverletzung frei. Das Reichsgericht verwies die Sache zurück. Der Beichtunterricht fiel nicht in den Religionsunterricht, der als ordentliches Lehrfach der Schüler vorgesehen ist. Dem stand nicht entgegen, daß die Beichtunterweisung in der Schule erteilt worden war; im Verhältnis zwischen Schulverwaltung und katholischer Kirche ist es üblich, dieser die Schulräume für die Abhaltung des Beicht- und Kommunionunterrichts zur Verfügung zu stellen. Als Seelsorger hatte der Angeklagte kein Züchtigungsrecht. Die Geistlichen üben zwar im Bereich der Seelsorge, vornehmlich im kirchlichen Unterricht, eine Erziehungstätigkeit aus; diese ist aber durch kirchliche Vorschriften geregelt und greift nur gegenüber den Personen Platz, die sich in freiwilliger Entschließung der kirchlichen Ordnung und Zucht unterwerfen. Es entspricht auch der richtigen Auffassung von dem Wesen und der rein kirchlichen Tätigkeit des Geistlichen in der Beicht- und Kommunionunterweisung, daß bei ihrer Ausübung von körperlichen Züchtigungen der Unterrichtsteilnehmer abzusehen ist; zur Aufrechterhaltung der Ordnung müssen neben der in der Regel ausreichenden Warnung die Mittel der Kirchenzucht als genügend angesehen werden. Dieser Gesichtspunkt führt auch dazu, die Annahme abzulehnen, daß etwa in der von den Eltern der Kinder veranlaßten Teilnahme an dem kirchlichen Unterricht eine stillschweigende Übertragung der Ausübung des elterlichen Erziehungs- und Züchtigungsrecht auf den Geistlichen gefunden werden könnte. Nach preußischem Gesetz vom 13. Mai 1873 über die Grenzen des Rechts zum Gebrauch kirchlicher Straf- und Zuchtmittel ist die Anwendung von Straf- und Zuchtmitteln gegen Leib, Vermögen, Freiheit oder bürgerliche Ehre durch die Kirche für unzulässig erklärt; es besteht nach dem Wortlaut und Sinn der Vorschrift kein Anhaltspunkt dafür, daß sie sich nicht auf die für den kirchlichen Unterricht in Betracht kommenden Mittel der Kirchenzucht erstreckt. Der Angeklagte hatte sich auch nicht über die tatsächlichen Voraussetzungen geirrt, an die ein vom Staat anerkanntes Züchtigungsrecht geknüpft ist, insbesondere nicht darüber, daß er während der Unterrichtsstunde dem Knaben nur als Seelsorger gegenüber stand. Seine Meinung, zu einer körperlichen Züchtigung berechtigt zu sein, stellte sich aber nicht als Irrtum über einen Tatumstand dar. Das Berufungsgericht hätte auch prüfen müssen, ob der Angeklagte mit seinem Vorgehen beabsichtigte, aus Erziehungsgründen zu strafen oder ob er etwa nur seinen Willen, den Gebrauch der polnischen Sprache in einem deutschen Unterricht zu fördern, durchsetzen wollte; nur im ersten Fall hätte das Berufungsgericht das Züchtigungsrecht, das nach seiner Annahme dem Angeklagten zustand, anerkennen dürfen. Ebenso ließ das Urteil eine genauere Darlegung vermissen, in welcher Art und Weise der Schlag das Gesicht des Knaben getroffen und welche Folgen er gehabt hatte. In den alten preußischen Provinzen ist das Züchtigungsrecht der Lehrer gegenüber den Schülern durch das Allgemeine Preußische Landrecht gesetzlich geregelt. Hienach ist entscheidend, ob die

Züchtigung derart vorgenommen wird, daß eine Gesundheitsbeschädigung als unmittelbare oder mittelbare Folge nicht ganz unwahrscheinlich ist; in einem solchen Falle liegt eine Überschreitung des Züchtigungsrechts auch dann vor, wenn eine Gesundheitsbeschädigung tatsächlich nicht eingetreten ist. Für die neue Hauptverhandlung wies das Reichsgericht noch auf die Möglichkeit hin, daß dem Angeklagten, auch wenn er den Beichtunterricht nicht im Rahmen des Religionsunterrichts erteilte, doch möglicherweise ein Züchtigungsrecht deshalb zur Seite stand, weil er an der Volksschule, die der Knabe besuchte, als Religionslehrer kraft staatlichen Auftrags tätig war. Das dem Lehrer zustehende Züchtigungsrecht dient allgemein zur Aufrechterhaltung der Schulzucht und hat insoweit seine Grundlage in dem Beruf des Lehrers, mit Rücksicht auf die Schulzucht auch das sittliche Verhalten des Schülers in und außer der Schule zu beaufsichtigen. Es bestehen keine Bedenken dagegen, diesen Grundsatz auch dann anzuwenden, wenn sich der Verstoß in einem kirchlichen Unterricht seiner Art nach als eine solche Verfehlung darstellt, daß davon die allgemeine Schulzucht betroffen wird. In einem solchen Falle kann dem Geistlichen, der nebenamtlich auch Lehrer an der Schule ist, aus dieser Stellung das Recht der Züchtigung unter dem Gesichtspunkt des allgemeinen Erziehungsgedankens zuerkannt werden. Wenn das Landgericht in Annahme eines Züchtigungsrechts des Angeklagten zur Bejahung seiner Überschreitung kam, war weiter zu prüfen, ob sich der Angeklagte der Überschreitung bewußt oder fahrlässigerweise nicht bewußt war. Je nach dem Ergebnis der Prüfung war vorsätzliche oder fahrlässige Körperverletzung anzunehmen. (II, 5. Oktober 1933.) Amtl. Sammlg. S. 324—329.

Vgl. Bd. 4 S. 98; Bd. 20 S. 98, 371; Bd. 33 S. 32, 72; Bd. 65 S. 265.

93. Druckschriften. Vorrat. Ablieferungspflicht. (SchutzVO. vom 4. Februar 1933 § 21.) Bei einem Manne, der früher kommunistischer Gemeindeverordneter gewesen war, wurden gelegentlich einer Durchsuchung vier verschiedene Druckschriften hochverräterischen Inhalts in je einem Stück gefunden. Das Landgericht sprach ihn von der Anklage eines Verstoßes gegen die Schutzverordnung frei, weil die vier Druckschriften keinen Vorrat im Sinne des Gesetzes darstellten, vielmehr nach der unwiderlegten Angabe des Angeklagten von ihm als Altpapier beiseite gelegt worden waren. Das Reichsgericht verwies die Sache zurück. Als Vorrat von Druckschriften ist eine nicht ganz unerhebliche Menge von Druckschriften anzusehen, die zu künftigen Gebrauch als solchem vereinigt sind. Wenn der Angeklagte die bei ihm gefundenen Druckschriften als Altpapier beiseite gelegt hatte, konnte von einem Vorrat nicht mehr die Rede sein. Dem Ermessen des Tatrichters war es auch überlassen zu entscheiden, welche Stückzahl einen Vorrat ausmachte. Das Landgericht hätte aber auch untersuchen müssen, wie der Angeklagte zu den bei ihm gefundenen Stücken gekommen war und ob er nicht dadurch glaubhafte Kenntnis von einem fremden Vorrat von solchen Druckschriften erlangt hatte, aus dem diese stammten. Dann wäre er auch zur Anzeige dieses Vorrats und zur Ablieferung der in seinen Händen befindlichen, daraus herrührenden Stücke verpflichtet gewesen. (VI, 17. Oktober 1933.)

Amtl. Sammlg. S. 329—331. Vgl. Bd. 13 S. 219.

94. **Offenbarungseid. Meineid. Versuch.** (StGB. §§ 153, 155; ZPO. §§ 481, 807.) Ein Schuldner leistete den Offenbarungseid. Da das von ihm vorgelegte Vermögensverzeichnis keinen ausreichenden Anhalt für die Zwangsvollstreckung in Forderungen bot, wurde auf Antrag eines Gläubigers ein neuer Termin zur Leistung des Offenbarungseids angesetzt. In diesem gab der Angeklagte auf die Fragen nach seiner Arbeitsstelle eine wissentlich falsche Auskunft und erklärte dann, daß er sich für die Richtigkeit seiner Angaben auf den schon geleisteten Eid berufe. Seine Verurteilung wegen Meineids wurde vom Reichsgericht nicht gebilligt. Für den Offenbarungseid ist es nicht zulässig, daß jemand, der schon einen solchen Eid geleistet hat, eine Versicherung unter Berufung auf diesen Eid abgibt. Ein vollendeter Meineid konnte also nicht angenommen werden. Dagegen war der Angeklagte des versuchten Meineids schuldig zu sprechen, wenn er mit seiner der Versicherung unterstellten Angabe von der Wahrheit abzuweichen gedachte, also mit dem Willen zur Verletzung der nach seiner Vorstellung übernommenen Eidespflicht handelte. (VI, 24. Oktober 1933.)

Amtl. Sammlg. S. 331—334.

Vgl. Bd. 17 S. 409; Bd. 24 S. 93; Bd. 25 S. 30; Bd. 30 S. 130; Bd. 58 S. 302.

95. Posthilfsstelle. Amtsunterschlagung. Zueignung. (StGB. § 350.) Der Inhaber einer Posthilfsstelle lieferte Gelder, die bei ihm eingezahlt worden waren, nicht alsbald an das Postamt ab, sondern half damit Bekannten aus und sandte die Gelder erst dann ein, als sie ihm wieder zurückgegeben worden waren. Die Verurteilung wegen Amtsunterschlagung wurde bestätigt. Allerdings genügt das eigenmächtige Verfügen über die fremde Sache nicht immer, um den Tatbestand der Zueignung zu erfüllen. Das Wesen der Zueignung besteht darin, daß der Täter die Sache selbst oder doch den in ihr verkörperten Sachwert dem Eigenvermögen einverleibt. Das kann auch durch Zuwendung der Sache an einen Dritten geschehen. Wer aber, ohne das eigene Vermögen zu verändern, eigenmächtig über eine Sache verfügt, eignet die Sache nicht sich zu, nützt ihren wirtschaftlichen Wert nicht für sich aus. Im gegebenen Fall hatte aber der Angeklagte durch sein eigenmächtiges Verfügen über fremde Gelder den Bestand seines Vermögens verändert; durch das Ausleihen erwarb er einen Anspruch auf Rückgabe des Geldes, welcher eine Vermehrung seines Vermögens bedeutete. Das traf auch zu, soweit der Angeklagte die Gelder dazu verwendet hatte, um für Bekannte Nachnahmesendungen einzulösen. Ein Bedenken gegen die Annahme einer Amtsunterschlagung konnte sich daraus ergeben, daß die Berechtigung des Angeklagten zur amtlichen Entgegennahme von Postanweisungen und Zahlkarten nicht feststand. Die Strafkammer war aber erkennbar davon ausgegangen, daß die Geldeinzahlungen an den Angeklagten nicht ihm persönlich, sondern in dem Glauben geleistet worden waren, es handle sich um Einzahlungen an die Postverwaltung und daß der Angeklagte sie, für die Einzahler erkennbar, in diesem Sinne entgegengenommen hatte. Dann hatte er aber, auch wenn er zur Annahme nicht berechtigt war, die Gelder in amtlicher Eigenschaft empfangen. (VI, 10. November 1933.) Amtl. Sammlg. S. 334—336.

Vgl. Bd. 21 S. 51; Bd. 61 S. 328; Bd. 65 S. 38, 85.

96. Forstwiderstand. Schußwaffengebrauch. Notwehr. Gesetzesauslegung. Irrtum. (StGB. §§ 53, 117; PrG. vom 31. März 1837.) Ein Forstbeamter verfolgte zwei

Wilderer, die er beim unberechtigten Jagen in seinem Revier getroffen hatte. Der eine blieb stehen, der andere setzte die Flucht fort. Als der Beamte mit dem Gewehr auf diesen anlegte, schlug der Wilderer, der stehen geblieben war, ihm den Lauf herunter, so daß der Schuß in den Boden ging. Der andere Wilderer kehrte nun um und feuerte auf den Beamten einen Schuß ab; dieser traf ihn tötlich. Die beiden Wilderer wurden wegen gemeinschaftlichen Totschlags in Tateinheit mit Forstwiderstand verurteilt. Ihre Revisionen wurden verworfen. Der Waffengebrauch des Beamten war rechtsmäßig gewesen. Den Forst- und Jagdbeamten steht in Preußen nach dem Gesetz von 1837 in ihrem Dienst zum Schutz der Forsten und Jagden und gegen Forst- und Jagdfrevel der Gebrauch von Waffen zu, wenn ein Angriff auf ihre Person gemacht wird oder wenn sie mit einem solchen Angriff bedroht werden, außerdem in gewissen Fällen von Widersetzlichkeiten der durch die Amtsausübung betroffenen Personen. Das Schießen auf fliehende Frevler war hienach nicht zulässig; durch Verordnungen des Preußischen Landwirtschaftsministeriums vom 14. Juli 1897 und 8. August 1919 wurde es aber für zulässig erklärt, nach der Verordnung vom Jahre 1919 schon dann, wenn der fliehende Frevler trotz der Aufforderung zum Halten die Flucht fortsetzt und das Hinzutreten anderer verdächtiger Umstände zu der Annahme berechtigt, daß er die Flucht zu einem erneuten Angriff oder zu einer Widersetzlichkeit mit gefährlichen Werkzeugen benutzen will. Das Reichsgericht erklärte, daß diese Verordnungen mit dem Gesetz im Einklang stünden. Im Laufe der Zeit sind die Angriffsmöglichkeiten und damit auch die Angriffslust und Gefährlichkeit der Jagdfrevler gewachsen. Diese Änderung der tatsächlichen Verhältnisse nötigt dazu, eine Bedrohung mit einem Angriff durch fliehende Frevler auch unter Umständen anzuerkennen, unter denen man früher keine solche Androhung anzunehmen hatte. Es liegt also der Fall vor, daß infolge einer geschichtlichen Entwicklung ohne Änderung des Gesetzes die Merkmale eines gesetzlichen Rechtsbegriffes (Bedrohung mit einem Angriff) eine Abwandlung erfahren haben. Auch im Reichsrecht finden die Verordnungen eine Stütze. Als gegenwärtiger Angriff, der zur Notwehr berechtigt, ist auch ein Verhalten anzusehen, das zwar noch kein Recht verletzt, aber unmittelbar in eine Verletzungshandlung umschlagen kann und dadurch den Eintritt einer unmittelbaren Rechtsverletzung androht, wobei durch Hinausschieben der Abwehrhandlung der Erfolg der Abwehr gefährdet werden könnte. Die als Notwehr unternommenen dienstlichen Handlungen eines Forstbeamten stellen selbst dann eine rechtmäßige Amtsausübung dar, wenn der Beamte irrig, aber in entschuldbarem Irrtum über die tatsächlichen Verhältnisse, nach pflichtmäßiger Prüfung der Sachlage annimmt, er befinde sich in einer Notwehrlage. Denkt also ein fliehender Wilderer in Wirklichkeit an nichts anderes als an Flucht, so ist das nicht geeignet, einer Notwehrhandlung des Forstbeamten die Eigenschaft der rechtmäßigen Amtsausübung zu nehmen, falls der Beamte einen Angriff des Wilderers erwartete und erwarten konnte. Die beiden Angeklagten waren mit geladenen Jagdgewehren versehen. Der eine, auf den er schießen wollte, floh in der Richtung auf ein Dickicht, so daß der Beamte fürchten mußte, von ihm von dort aus beschossen zu werden. Schon das Herabschlagen des Gewehrlaufs war also gewaltsamer Widerstand. Eine vermeintliche Notwehr zufolge der irrigen Annahme, daß der Beamte nicht schießen dürfe, konnte nicht in Frage kommen. (I, 10. Oktober 1933.)

Amtl. Sammlg. S. 337—341.

Vgl. Bd. 53 S. 132; Bd. 55 S. 166; Bd. 61 S. 216, 297; Bd. 64 S. 118.

97. **Devisenordnung. Einziehung.** (DevO. vom 1. August 1931 § 18; vom 23. Mai 1932 § 36.) Ein Bankier verkaufte für einen Holländer im Inland Wertpapiere und händigte ihm den Erlös aus; dieser brachte mit Wissen und Willen des Bankiers das Geld nach Holland. Der Bankier hatte dafür eine Provision von 2370 *RM* zu beanspruchen; sie wurde ihm nicht ausbezahlt, sondern sollte nach voller Abwicklung des Geschäfts verrechnet werden. Er wurde wegen einer Verfehlung gegen die Devisenordnung verurteilt; ein der Höhe der Provision entsprechender Betrag wurde eingezogen. Das Reichsgericht erklärte die Einziehung für unzulässig. Die strafbare Handlung bestand darin, daß der Bankier ohne Genehmigung über Reichsmarkforderungen verfügte, die einer im Ausland

ansässigen Person aus dem Verkauf von Wertpapieren zustanden, und daß er ihr inländische Zahlungsmittel im Inland aushändigte. Die Werte, auf die sich die strafbare Handlung bezog, waren hienach die Forderungen aus den Wertpapierverkäufen und die durch Beitreibung der Forderungen an ihre Stelle getretenen Erlöse, nicht aber die Provisionsforderung. Diese war weder der Gegenstand noch auch nur das Mittel zur Begehung der Straftat; sie bildete nur den aus ihr gezogenen Gewinn. Die Einziehung solcher Gewinne ist im Gesetz nicht geregelt. Hätte der Angeklagte aus dem Erlös der Wertpapiere einen seinem Provisionsanspruch entsprechenden Geldbetrag zur Befriedigung seines Anspruchs beiseite gelegt, so hätte dieser Betrag allerdings eingezogen werden können, aber nicht, weil er die Provision darstellte, sondern weil er Teil des Erlöses der verkauften Wertpapiere gewesen wäre. Da die Einziehung der Provision nicht zulässig war, konnte auch nicht ein entsprechender Gegenwert eingezogen werden. (II, 2. November 1933.)

Amtl. Sammlg. S. 341—343.

98. **Beihilfe. Vorsatz.** (StGB. § 48.) S. beabsichtigte einen Diebstahl auszuführen; P. lieh ihm zu diesem Zweck einen geladenen Revolver. Da S. die Frau, die er bestehlen wollte, zu Hause antraf, versuchte er sie unter Vorhalten des Revolvers zur Herausgabe von Geld zu nötigen. Es gelang ihm nicht. Er wurde wegen eines Versuchs der räuberischen Erpressung verurteilt, P. wegen Beihilfe zum Diebstahl mit Waffen. Das Reichsgericht bestätigte das Urteil. Der Gehilfe muß zwar einen bestimmten Tatbestand, der durch den Täter verwirklicht werden soll und sich dann als Verbrechen oder Vergehen darstellt, in seinen wesentlichen Merkmalen im Auge haben. Es kommt aber nicht darauf an, ob die Haupttat ihrer rechtlichen Beurteilung nach dieselbe ist, die sich der Hilfeleistende vorstellt; sie muß sich nur in ihrem äußeren Verlauf im wesentlichen mit dieser decken. Nicht erforderlich ist, daß der Gehilfe eine Vorstellung davon hat, wie die Haupttat in den Einzelheiten, wann, wo, gegenüber wem und unter welchen besonderen Umständen sie ausgeführt werden wird. Darüber, in welchem Umfang sich der Gehilfe vom Verlauf der Haupttat eine Vorstellung machen muß, läßt sich keine allgemeine Rechtsregel aufstellen; es

kann nur von Fall zu Fall entschieden werden, ob der Gehilfenvorsatz hinreichend bestimmt gewesen ist. Der Gehilfe erwartete im gegebenen Fall einen Angriff auf fremdes Vermögen; ein solcher war ausgeführt worden. Die Erpressung, besonders die räuberische Erpressung, und der Raub gehen häufig derart ineinander über, daß die Erpressung vom Raub aufgezehrt wird; räuberische Erpressung wird auch gleich dem Raub bestraft. Hätte S. unter Verwendung des Revolvers einen Raub verübt, so hätte sich die strafrechtliche Verantwortlichkeit von P. nicht auf die besonderen Tatumstände des Raubes erstreckt. Es war rechtlich nicht zu beanstanden, daß die versuchte räuberische Erpressung dem versuchten Raub gleichgestellt und nicht als eine grundsätzlich andere Handlung als der geplante schwere Diebstahl angesehen wurde. (II, 9. November 1933.) Amtl. Sammlg. S. 343—345.

Vgl. Bd. 4 S. 429; Bd. 55 S. 239; Bd. 59 S. 245.

99. Einfuhr. Fahrlässigkeit. Irrtum. (VZG. § 139; EinfVO. vom 13. Februar 1924 § 2.) Ein Drogist bezog im Jahre 1929 wiederholt durch die Post Codein aus Holland und der Tschechoslowakei. Die Zollinhaltserklärungen der Absender enthielten die Bezeichnung „Arzneiwaren" oder „Chemische Produkte"; die Pakete selbst trugen die Anschrift „Codein". Eine Einfuhrbewilligung wurde nicht erholt. Die Sendungen wurden am Zollamt Breslau abgefertigt; dabei wurde nicht erkannt, daß es sich um eine Ware handelte, die nur mit Bewilligung der zuständigen Stellen eingeführt werden durfte. Der eingehobene Zoll war weitaus niedriger als der Zoll für Codein. Das Berufungsgericht sprach den Besteller einer fahrlässigen Zuwiderhandlung gegen die Einfuhrverordnung schuldig, weil er vor Eintreffen der letzten Sendung auf das Einfuhrverbot hingewiesen worden war, trotzdem aber beim Zollamt die Sendung, wie bisher, ohne auf das Verbot hinzuweisen, entgegennahm. Seine Revision hatte keinen Erfolg. Im Zeitpunkt des Grenzübertritts war allerdings der Angeklagte noch nicht auf das Einfuhrverbot hingewiesen worden; daraus folgte aber nicht, daß die Ware in einem späteren Zeitpunkt, also während der Weiterbeförderung im Inland, nicht mehr Gegenstand eines Einfuhrvergehens sein konnte. Begrifflich setzt die Einfuhr voraus, daß menschliches Tun die Verbringung

der Ware in das Zollinland bewirkt. Diese Voraussetzung war hier erfüllt. Die rechtswidrige Einfuhr war mit dem Grenzübertritt nicht beendigt; sie dauerte jedenfalls so lange fort, als sich die Ware auf dem Weg nach ihrem Bestimmungsort befand. Solange konnte durch schuldhafte Beteiligung an der Weiterbeförderung die objektiv rechtswidrige Einfuhr zu einer subjektiv rechtswidrigen erweitert, das Verbot auf strafbare Weise übertreten werden. Die schuldhafte Fortsetzung der Einfuhr kann sowohl in der Form der vorsätzlichen wie der fahrlässigen Zuwiderhandlung gegen die Einfuhrvorschriften geschehen. Beendet ist die Einfuhr, wenn die Ware den Ort ihrer endgültigen Bestimmung erreicht hat. Unter Bestimmungsort ist nicht ein Gemeindebezirk, eine Ortschaft zu verstehen, sondern der engbegrenzte Raum, der das Ziel der Beförderung ist. Der Hauptbahnhof und das Zollamt in Breslau waren nur Durchgangsstellen des Beförderungswegs; erst mit dem Eintreffen in den Geschäftsräumen des Angeklagten war die Einfuhr beendet. Der Begriff der Fahrlässigkeit war nicht verkannt. (II, 9. November 1933.) Amtl. Sammlg. S. 345—349.
Vgl. Bd. 40 S. 326; Bd. 51 S. 400; Bd. 52 S. 235; Bd. 55 S. 138, 226; Bd. 67 S. 49.

100. Bilanz. Voraktivierung. (HGB. § 314.) Eine Aktiengesellschaft hatte sich um Auslandsaufträge bemüht und solche auch erhalten. Durch die Auslagen hiefür war die Bilanz belastet, während sich der zu erwartende Gewinn bilanzmäßig nicht auswirkte. Um das zu verdecken, wurde eine Voraktivierung in der Weise vorgenommen, daß Waren, die der Gesellschaft nicht gehörten, sondern teils schon verkauft und bezahlt, teils ihr nur zur Aufbesserung übergeben waren, auf die Aktivseite eingesetzt wurden. Die Verurteilung wegen Bilanzfälschung wurde bestätigt. Die Frage, ob eine Voraktivierung zulässig ist, brauchte nicht erörtert zu werden; wenn sie geschieht, muß sie in einer Form geschehen, daß klar zu ersehen ist, um was es sich handelt. Das war hier nicht der Fall. Dahingestellt konnte bleiben, ob es sich um eine unwahre Darstellung oder um eine Verschleierung handelte. (III, 13. November 1933.) Amtl. Sammlg. S. 349—351.
Vgl. Bd. 37 S. 433; Bd. 38 S. 195; Bd. 41 S. 293; Bd. 49 S. 358; Bd. 64 S. 423; RGZ. Bd. 112 S. 19.

101. Erforschungsrecht der Polizei. Festnahme. Widerstand. (StPO. §§ 127, 163; PrPolVerwG. §§ 14, 15, 17, 40, 53, 55; StGB. § 113.) In einer Straße war ein Verkehrsmast gelockert worden, so daß er eine Gefahr für den Verkehr bildete. Ein Mann, der sein Geschäft in der Nähe hatte, brach ihn vollends ab. Während er sich darüber mit einer angesammelten Menschenmenge unterhielt, kam ein Schutzmann und stellte ihn zur Rede. Er bestritt, den Mast abgebrochen zu haben und kam dadurch mit dem Schutzmann in einen Wortwechsel. Die Umstehenden nahmen für ihn Partei. Der Schutzmann forderte ihn nun auf, mit ihm zur Wache zu kommen; er verweigerte das und riß sich, als der Schutzmann ihn abführen wollte, mit Gewalt los. Seine Verurteilung wegen Widerstands gegen die Staatsgewalt wurde vom Reichsgericht gebilligt. Da der Angeklagte ortsansässig und dem Schutzmann bekannt war, lag allerdings ein Grund zu seiner Festnahme aus dem Gesichtspunkt der Strafprozeßordnung nicht vor; eine solche Befugnis ergab sich auch nicht aus der Pflicht der Polizei, bei Vorliegen des Verdachts einer strafbaren Handlung den Sachverhalt zu klären. Nach dem preußischen Verwaltungsgesetz ist aber eine polizeiliche Verwahrung zulässig, wenn das zur Sicherung der öffentlichen Ordnung notwendig erscheint. Das konnte der Schutzmann ohne Pflichtverletzung annehmen, da die umstehende Menge für den Angeklagten Partei nahm. Ebenso ist nach dem gleichen Gesetz die Polizei berechtigt, die Vorladung von Personen im Zwangsweg durchzuführen, wenn diese Maßnahme zur Aufklärung einer Handlung erforderlich ist, die den Verdacht eines Verbrechens oder Vergehens rechtfertigt. Der Schutzmann handelte also, als er zur Festnahme schritt, um die Gestellung des Angeklagten vor der Polizei zu erzwingen, in rechtmäßiger Ausübung seines Amtes. (III, 13. November 1933.) Amtl. Sammlg. S. 351—356.

Vgl. Bd. 32 S. 269.

102. Zollhinterziehung. Teilnahme. Hehlerei. Begünstigung. Wertersatz. Strafumwandlung. Änderung der Gesetzgebung. (VZG. §§ 135, 155; RAbgO. a. F. §§ 359, 365, 368, 451, 453, n. F. 396, 401, 403; StGB. §§ 2, 28, 259.) Im Jahre 1926 wurden Pferde aus Holland unverzollt über die Grenze gebracht. Ein Viehhändler in Deutschland erwarb sie alsbald nach der Überschreitung der Grenze unter Kenntnis des Sachverhalts. Seine Verurteilung wegen Zollhinterziehung wurde vom Reichsgericht nicht gebilligt. Die Tat war nach dem Vereinszollgesetz zu beurteilen. Allerdings findet nach dem Gesetz über die Änderung des Tabaksteuergesetzes vom 22. Dezember 1929 auf Zollhinterziehungen nicht mehr das Vereinszollgesetz, sondern die Reichsabgabenordnung Anwendung; da aber die Tat schon vorher begangen worden war, mußte geprüft werden, ob das frühere oder das spätere Recht strengere Bestimmungen enthielt. Nach dem Vereinszollgesetz ist die einfache Zollhinterziehung mit einer Geldbuße bedroht, die dem vierfachen Betrag der vorenthaltenen Abgabe gleichkommt, nach der Reichsabgabenordnung aber mit einer Geldstrafe, die mindestens das Vierfache des hinterzogenen Betrages ausmacht und neben der auch auf Gefängnisstrafe erkannt werden kann. Zur Verurteilung wegen Zollhinterziehung ist nicht nötig, daß der Angeklagte an der Verbringung der Ware über die Grenze beteiligt gewesen ist, auch nicht, daß er zur Entrichtung des Zolls gegenüber dem Staat verpflichtet ist. Die Zollhinterziehung, die mit der Überschreitung der Grenze ohne Verzollung vollendet ist, braucht damit noch nicht beendet zu sein; auch Handlungen, welche die eingeführten Gegenstände nach der Grenzüberschreitung vor dem Zugriff der Behörde sichern sollen, können noch als Zollhinterziehung beurteilt werden. Erst wenn die eingeführten Gegenstände zur Ruhe gekommen, an den Ort der endgültigen Bestimmung gelangt, in Sicherheit gebracht worden sind, ist die Handlung beendet. Solange sie nicht beendet ist, ist auch eine Teilnahme an ihr im weiteren Sinne (einschließlich der Mittäterschaft) möglich. Dagegen kann der trotz Kenntnis der Zollhinterziehung abgeschlossene bloße Ankauf geschmuggelter Waren keine Teilnahme mehr begründen, sondern nur eine Begünstigung oder Zollhehlerei. Hehlerei im Sinne des § 259 StGB. könnte in Frage kommen, wenn die geschmuggelten Waren selbst durch eine strafbare Handlung erlangt worden wären. Im gegebenen Fall war nicht klar, ob die Zollhinterziehung in dem Augenblick, da der Angeklagte die Pferde erwarb, schon beendet war. Rechtsirrig war auch, daß für die Wertersatzstrafe eine Ersatzfreiheitsstrafe

festgesetzt worden war. Die Wertersatzstrafe ist nicht als eine Geldstrafe zu erachten; nur an Stelle einer solchen kann aber eine Freiheitsstrafe festgesetzt werden. (I, 1. November 1933.) Amtl. Sammlg. S. 356—360.
Vgl. Bd. 22 S. 104; Bd. 35 S. 13; Bd. 49 S. 208; Bd. 51 S. 400; Bd. 52 S. 24, 235; Bd. 60 S. 123; Bd. 62 S. 319, Bd. 64 S. 158; Bd. 65 S. 407.

103. Vergiftung. Gesetzesauslegung. (StGB. §§ 324, 326.) Ein Heilkundiger gab an Personen, die ihn um Hilfe angingen, ein Pulver zum Einnehmen ab, das hauptsächlich aus getrockneten Tollkirschenblättern bestand. Das Landgericht lehnte eine Verurteilung aus § 324 oder § 326 StGB. ab, weil das Heilmittel des Angeklagten an sich schon ein Gift, nicht aber ein vergifteter Gegenstand gewesen sei. Damit haftete das Landgericht zu eng am Wortlaut des Gesetzes. Es konnte auf sich beruhen, ob reines Gift einem vergifteten Gegenstand gleichzustellen ist; wesentlich ist nur, daß durch die Vermischung eines vergifteten oder gesundheitszerstörenden Stoffes mit einem anderen an sich ungefährlichen Stoff zwecks Herstellung eines Verbrauchsgegenstandes ein Erzeugnis zustande kommt, das bei dem vom Täter vorausgesetzten Gebrauch seine giftige oder gesundheitszerstörende Wirkung äußern kann. Ohne Belang ist es dabei, ob bei dem so hergestellten Gemisch der ungefährliche oder der gesundheitszerstörende Stoff vorherrscht. Nach den angegebenen Vorschriften soll die Gefährdung der allgemeinen Gesundheit durch Überlassung solcher Gegenstände an Käufer oder Verbraucher verhütet werden, die, weil sie, entgegen der von den Empfängern vorausgesetzten Beschaffenheit, Stoffe enthalten, die die menschliche Gesundheit zu zerstören geeignet sind. Dabei kann es weder auf das Mischungsverhältnis noch auf den Grundstoff noch darauf ankommen, ob dem Gegenstand der gefährliche Stoff von vornherein oder nachträglich beigemischt worden ist. (III, 16. November 1933.)
Amtl. Sammlg. S. 360—362.
Vgl. Bd. 10 S. 178.

104. Vereidigung der Schöffen. (GVG. §§ 42, 51, 77; NotVO. vom 14. Juni 1932 Teil I Kap. I Art. 8; RG. vom 7. April 1933.) Nach dem Reichsgesetz vom 7. April 1933 endete die laufende Wahlperiode der Schöffen und Geschworenen am 30. Juni 1933 und waren Neuwahlen für die Zeit vom 1. Juli 1933 bis 31. Dezember 1934 vorzunehmen. Ein Schöffe wurde für diese Zeit wiedergewählt, aber nicht neu beeidigt. Das führte zur Aufhebung eines unter seiner Mitwirkung gefällten Urteils. Die Vereidigung eines Schöffen gilt für die Dauer der Wahlperiode. Wird diese verlängert, so bedarf es nach dem Ablauf der ursprünglichen Wahlperiode keiner neuen Beeidigung; wird sie dagegen verkürzt, so verliert die Beeidigung mit dem Ende der Wahlperiode ihre Gültigkeit. (VI, 17. November 1933.)

Amtl. Sammlg. S. 362—365.

105. **Konkursverbrechen. Betrügerischer Bankerott. Beiseiteschaffen. Verheimlichen.** (KO. § 239.) Ein Kaufmann, dem der Konkurs drohte, vereinbarte mit einem Gläubiger, der 1260 *RM* von ihm zu fordern hatte, daß er ihm eine Hypothek über 6000 *RM* auf seinem Grundstück eintragen lasse. Er hoffte, auf diese Weise den Konkursverwalter zu veranlassen, von einer Verwertung des Grundstücks zugunsten der Konkursmasse abzusehen. Die Verurteilung wegen betrügerischen Bankerotts wurde bestätigt. In dem Vorgehen des Angeklagten war allerdings kein Beiseiteschaffen des Grundstücks zu erblicken. Ein solches kann in der Belastung eines Grundstücks mit einer Hypothek gefunden werden, es muß aber tatsächlich eine Belastung des Grundstücks zum Zwecke der Benachteiligung der Gläubiger stattgefunden haben. Soweit der Hypothekengläubiger eine Forderung besaß, war nicht erweislich, daß bei der Bestellung der Hypothek eine Absicht der Gläubigerbenachteiligung vorlag; soweit er aber keine Forderung besaß, entstand die Hypothek nicht für ihn, sondern als Eigentümergrundschuld für den Gemeinschuldner, so daß eine Belastung des Grundstücks zugunsten eines Dritten nicht geschaffen wurde. Daß der Hypothekengläubiger die Möglichkeit hatte, durch Veräußerung der Hypothek an einen gutgläubigen Erwerber eine Belastung des Grundstücks zu seinen Gunsten herbeizuführen, erfüllte den Tatbestand des Beiseiteschaffens nicht. Wohl aber war der Tatbestand des Verheimlichens gegeben. Der Gemeinschuldner hatte gegenüber dem Konkursgläubiger daran festgehalten, daß die Hypothek allein dem eingetragenen Gläubiger gehöre, hatte also verheim-

letzende, rohe Form des Ausdrucks, insbesondere nicht der Gebrauch von Schimpfworten, hinzukommen muß, daß vielmehr eine Beschimpfung auch ohne diese Voraussetzung erfolgen kann, wenn eine behauptete oder verbreitete Tatsache an sich so ehrenrühriger Art ist, daß ihre Beziehung auf eine Religionsgesellschaft oder auf deren Einrichtungen für diese selbst schimpflich in dem Sinne ist, daß sie durch jene Tatsache ohne weiteres der Verachtung preisgegeben wird. Dasselbe muß auch gelten, wenn nicht eine solche Tatsache behauptet, sondern ein Werturteil von so herabsetzender Art abgegeben wird, daß seine Anwendung auf eine Einrichtung einer Religionsgesellschaft diese ohne weiteres der Verachtung preisgibt. Die Grenze zwischen einem Ausdruck bloßer Geringschätzung oder Mißachtung und einem solchen beschimpfenden Werturteil wird um so leichter überschritten, je verehrungswürdiger den Mitgliedern der betroffenen Religionsgesellschaft die Einrichtung ist, über die das Werturteil abgegeben wird. Für die Anhänger der christlichen Kirchen ist die Taufe eine Einrichtung von höchster Verehrungswürdigkeit. Wenn ein Kirchenfeind äußert, die Taufe sei einer Vorbestrafung gleichzuachten, so bedeutet das, daß dem, der die Taufe empfangen hat, gleich wie einem Vorbestraften ein Makel anhaftet; wenn darin eine besonders verletzende, rohe Äußerung und darum eine Beschimpfung der Taufe gefunden wurde, war das nicht zu beanstanden. (VI, 10. November 1933.) Amtl. Sammlg. S. 373—375.

Vgl. Bd. 10 S. 146; Bd. 28 S. 403; Bd. 30 S. 194; Bd. 31 S. 305.

109. Devisenordnung. Vereinszollgesetz. Steuergesetz. Lebenslage. (RAbgO. §§ 2, 472; DevO. vom 23. Mai 1932 §§ 12, 14, 36; VZG. §§ 134, 141, 146, 156.) F. verkaufte fortgesetzt im Inland inländische Wertpapiere und händigte den Erlös dem in Polen wohnenden M. aus; dieser brachte das Geld jeweils nach Polen. Sie wurden zu Gefängnisstrafen und Geldstrafen verurteilt; zugleich wurde auf Einziehung erkannt und das im Inland befindliche Vermögen des M. zur Sicherung der ihn treffenden Geldstrafe beschlagnahmt. Die Revision der Staatsanwaltschaft und des Hauptzollamtes wurden verworfen. Jene der Staatsanwaltschaft war damit begründet, daß § 134 VZG. (Übertretung des Ausfuhrverbotes) hätte angewendet werden sollen. Diese Bestimmung konnte nur bei M. in Frage kommen. Es kann keine allgemeine Regel aufgestellt werden, unter welchen Voraussetzungen neben einem besonderen Gesetz, das die Einfuhr, Ausfuhr oder Durchfuhr von Gegenständen unter Strafandrohung schlechthin verbietet oder nur mit Genehmigung erlaubt, die Strafbestimmungen des Vereinszollgesetzes anzuwenden sind. Die Anwendung beider Gesetze wird durch die Vorschrift des § 134 VZG. nahegelegt, nach der die dort angedrohte Geldstrafe zu verhängen ist, soferne nicht in besonderen Gesetzen eine höhere Strafe festgesetzt ist. Es ist deshalb daran festzuhalten, daß besondere Gründe vorliegen müssen, um den Ausschluß des Vereinszollgesetzes durch die Sonderregelung zu rechtfertigen. Daß im Vereinszollgesetz von Ausfuhr, in der Devisenordnung von Versenden und Überbringen ins Ausland die Rede ist, hat keine entscheidende Bedeutung; ebenso ist nicht zu bezweifeln, daß Zahlungsmittel, Wertpapiere und Edelmetall Gegenstände im Sinne des § 134 VZG. sind. Die Untersuchung der an die Übertretung des § 12 DevVO. geknüpften strafrechtlichen Folgen führt aber zu dem Ergebnis, daß die Gesetzgebung über die Devisenbewirtschaftung das Gebiet der Ausfuhr von Devisen selbständig und erschöpfend hat regeln wollen. Der überaus weite Strafrahmen gibt dem Strafrichter die Möglichkeit, auch dem schwersten Devisenausfuhrvergehen ausgiebig gerecht zu werden, so daß die Zusatzstrafen des Vereinszollgesetzes ihren Sinn verlieren würden. Auch die Abgeltung der bandenmäßigen Begehung und aller anderen Erschwerungsgründe kann ausreichend mit den Strafen der Devisenverordnung geschehen. Die Einziehungsmöglichkeiten der Devisenverordnung sind ausgedehnter als jene des Vereinszollgesetzes. Während dieses nur die Einziehung der Gegenstände zuläßt, deren Ausfuhr gegen das Verbot unternommen worden ist, gestattet die Devisenverordnung, alle Werte einzuziehen, auf die sich die strafbare Handlung bezieht. Hienach können auch Wertpapiere und Zahlungsmittel eingezogen werden, die noch nicht vom Unternehmen der Ausfuhr erfaßt, sondern im Zusammenhang mit einer vorangegangenen Ausfuhr dazu erst bereitgelegt sind. Außerdem kann nach der Devisenverordnung selbständig auf die Einziehung erkannt werden, wenn keine bestimmte Person verfolgt oder verurteilt werden kann, während das nach dem Vereinszollgesetz nicht zulässig ist. Zur Sicherung der Einziehung, auch des Wertersatzes und der Geldstrafe, kann nach der Devisenverordnung das Vermögen des Beschuldigten beschlagnahmt werden; im Vereinszollgesetz ist das nicht vorgesehen. Nach der Devisenverordnung ist sogar strafbar, wer vorsätzlich zu einer dort mit Strafe bedrohten Handlung auffordert, anreizt, oder sich erbietet; das Vereinszollgesetz hat keine solche Bestimmung. Überall sind die Strafbestimmungen so scharf und weitreichend, daß nicht einzusehen ist, wie durch die gleichzeitige Anwendung des Vereinszollgesetzes der Zweck der Ausfuhrverbote besser gefördert werden sollte. Daß nach dem Vereinszollgesetz die Einziehung zwingend vorgeschrieben ist, während die Devisenverordnung sie dem Ermessen des Richters anheim stellt, weist gerade auf den gewollten Ausschluß des Vereinszollgesetzes hin; das richterliche Ermessen wäre dann für die Regel durch die zwingende Vorschrift der Einziehung beseitigt. Die gleichzeitige Anwendung beider Gesetze wirft zudem eine Fülle zweifelhafter Rechtsfragen auf; solche Schwierigkeiten verzögern die Strafverfahren beträchtlich, während die Devisenverordnung, die ein Zeitgesetz ist und der bestehenden Wirtschaftsnot steuern will, eine straffe und schnelle Strafverfolgung erfordert. Die Revision des Hauptzollamtes war unzulässig, da dieses nicht berechtigt war, als Nebenkläger aufzutreten. Seinem Antrag auf Zulassung war allerdings, nachdem er vom Landgericht abgewiesen worden war, vom Oberlandesgericht mit der Begründung stattgegeben worden, daß die Devisenverordnung ein Steuergesetz im Sinne des § 2 RAbgO. sei. Diese Entscheidung band das Revisionsgericht nicht; dieses hatte vielmehr von neuem und selbständig über die Zulassung zu befinden. Die Devisenverordnung hat nicht das Ziel, die Vermögens- und Einkommensteuer zu sichern; es will den ungeregelten Abfluß von Devisen aus der deutschen Wirtschaft verhüten und die Devisen zweckmäßig bewirtschaften. Wenn auch einzelne Vorschriften nebenher die Wirkung haben mögen, die steuerrechtliche Überwachung zu erleichtern, so reicht das doch nicht aus, die Devisenverordnung zu einem Steuergesetz zu machen. (II, 16. November 1933.)

Amtl. Sammlg. S. 375—383.

Vgl. Bd. 21 S. 431; Bd. 47 S. 377; Bd. 49 S. 127, 159,

216, 253; Bd. 51 S. 75; Bd. 52 S. 280; Bd. 53 S. 11; Bd. 56 S. 42, 74, 287; Bd. 57 S. 93, 177, 258; Bd. 59 S. 126; Bd. 60 S. 199; Bd. 62 S. 209; Bd. 67 S. 49, 114, 130.

110. Amnestie. Verbrauch der Strafklage. (StraffreihG. § 10; StPO. § 362.). Ein Verfahren wegen schweren Landfriedensbruchs endete mit Freisprechung des Angeklagten mangels genügender Beweise. Die Staatsanwaltschaft legte Berufung ein; nachdem das Straffreiheitsgesetz ergangen war, nahm sie die Berufung zurück und beantragte Einstellung des Verfahrens. Dem Antrag wurde stattgegeben. Spätere Ermittlungen ergaben den dringenden Verdacht, daß der Angeklagte nicht nur schweren Landfriedensbruch, sondern auch einen Totschlag begangen hatte. Es wurde neue Anklage gegen ihn erhoben; das Schwurgericht verurteilte ihn. Das Reichsgericht verwarf seine Revision. Das frühere Verfahren war nicht durch ein rechtskräftiges Urteil, sondern nur durch den Einstellungsbeschluß abgeschlossen worden. Die Zurücknahme der Berufung hatte nur die Bedeutung der Erklärung, daß die Berufung nicht weiter verfolgt werde; dadurch konnte keine Rechtskraft des schöffengerichtlichen Urteils herbeigeführt werden. Durch den Beschluß war der staatliche Strafanspruch nicht beseitigt, die Strafklage nicht verbraucht worden. Wenn sich ergab, daß die Niederschlagung auf einem tatsächlichen Irrtum beruhte, konnte auch ohne ein Verfahren nach § 362 StPO. die Strafverfolgung wieder aufgenommen werden. Die Rechtshängigkeit des früheren Verfahrens war durch den Einstellungsbeschluß erloschen. (III, 30. November 1933.) Amtl. Sammlg. S. 383—385.

Vgl. Bd. 29 S. 174; Bd. 54 S. 17; Bd. 67 S. 350.

111. Rechtsmittel. Schriftlichkeit. (StPO. § 314.) Ein Rechtsanwalt, der beauftragt war, Berufung einzulegen, brachte bei der Verteilungsstelle des Landgerichts einen Berufungsschriftsatz in Urschrift und Abschrift in Einlauf. Die für das Gericht bestimmte Urschrift war nicht unterschrieben, wohl aber die Abschrift; diese wurde mit der Bestätigung, daß der Berufungsschriftsatz eingegangen sei, zurückgegeben. Das Landgericht erachtete die Vorschrift der Schriftform nicht für erfüllt. Das Reichsgericht verwies die Sache zurück. Daß die Abschrift unterzeichnet war, konnte nicht beachtet werden, weil sie nach dem übereinstimmenden Willen des Rechtsanwalts und des Beamten der Verteilungsstelle nicht für das Gericht in Empfang genommen werden sollte. Die Unterschrift ist aber kein wesentliches Erfordernis der Schriftlichkeit; es genügt, wenn aus dem Schriftstück in einer jeden Zweifel ausschließenden Weise ersichtlich ist, von wem es herrührt. Dafür genügte nicht, daß oben auf dem Schriftstück der Name und die Wohnung des Rechtsanwalts angegeben war, wohl aber daß sich am Schluß ein Vermerk befand, wer den Schriftsatz diktiert hatte und von wem er geschrieben worden war. Wenn auch dieser Vermerk nur den Zweck hatte, die Beaufsichtigung des inneren Betriebes zu erleichtern, stand doch nichts im Wege, aus seinem Vorhandensein den Schluß zu ziehen, daß die in dem Schriftstück enthaltene Erklärung von dem Rechtsanwalt herrührte. (III, 13. November 1933.)

Amtl. Sammlg. S. 385—389.

Vgl. Bd. 6 S. 69; Bd. 17 S. 256; Bd. 31 S. 4; Bd. 38 S. 282; Bd. 57 S. 80; Bd. 60 S. 354; Bd. 62 S. 53; Bd. 63 S. 246; Bd. 65 S. 250.

112. Sittlichkeitsverbrechen. Ballettmeister. Lehrer. Irrtum. (StGB. §§ 59, 174.) Der Ballettmeister eines Theaters verkehrte mit minderjährigen Tänzerinnen des Balletts geschlechtlich. Seine Verurteilung als Lehrer wurde vom Reichsgericht gebilligt. Lehrer ist eine Person, die einer anderen Person in einem oder mehreren gewissen Zweigen künstlerischer oder technischer Fertigkeiten einen Unterricht erteilt, der nach Zeit, Ziel und Plan einen gewissen dauernden Bestand hat und bei Berücksichtigung der Gesamtverhältnisse geeignet ist, ein Verhältnis geistiger und sittlicher Unterordnung zwischen dem Lehrenden und dem Lernenden zu begründen. Die Aufnahme in das Ballettkorps setzte eine gewisse Vorbildung, aber keine fertige Ausbildung voraus; dem Angeklagten war zur Pflicht gemacht, das Ballett in künstlerischem Sinne zu erziehen und zu leiten und auf eine hohe Stufe zu bringen; die Angehörigen des Balletts hatten seinen Anordnungen und Weisungen zu gehorchen. Daß in dem Ballettkorps in sittlicher Hinsicht lockere Anschauungen herrschten, schloß nicht aus, daß ein Ausbildungsverhältnis mit sittlicher Unterordnung bestand. Wenn der Angeklagte sich selbst nicht als Lehrer betrachtete, lag ein unbeachtlicher Strafrechtsirrtum vor. (I, 1. Dezember 1933.) Amtl. Sammlg. S. 390—391.

Vgl. Bd. 10 S. 345.

113. **Fortsetzungstat. Mittäterschaft. Geistiger Leiter.** (StGB. § 47.) Bei der selbständigen Einzelstraftat ist für die Annahme der Mittäterschaft erforderlich, daß jeder Tatgenosse den ganzen Erfolg der Straftat als eigenen verursacht hat und mit dieser inneren Stellungnahme in irgendeiner Weise, sei es körperlich, sei es geistig, zur Ausführung mitwirkt, wobei diese Mitwirkung, der Tatbeitrag, nicht in der Verwirklichung eines Tatbestandsmerkmals zu bestehen braucht, sondern sich äußerlich als Vorbereitungs- oder Beihilfehandlung darstellen kann. Zum Wesen der fortgesetzten Handlung gehört, daß die der stückweisen Verwirklichung des einheitlichen Gesamtvorsatzes dienenden, unselbständigen Einzelhandlungen, jede für sich, nach der äußeren und inneren Tatseite den Tatbestand der Straftat vollständig erfüllen. Demnach kann es für die Annahme von Mittäterschaft an der ganzen Fortsetzungstat nicht genügen, wenn für jeden Beteiligten zwar ein einheitlicher Gesamtvorsatz in dem Sinn nachgewiesen ist, daß jeder den Gesamterfolg als eigenen will, die notwendige Beziehung dieses Gesamtvorsatzes zu den unselbständigen Einzelhandlungen und der erforderliche Tatbeitrag dagegen nur für einen Teil der Einzelhandlungen festgestellt ist. Denkbar ist allerdings, daß Handlungen, die sich äußerlich als Beteiligung an mehreren Einzelhandlungen einer fortgesetzten Straftat darstellen, mit Rücksicht auf ihre äußere Bedeutung und die Beschaffenheit des Vorsatzes des Handelnden als Teilnahme an der fortgesetzten Handlung zu beurteilen sind. Die allgemeine Annahme, daß einer der Mitangeklagten der geistige Leiter des Unternehmens gewesen sei, war zu unbestimmt, als daß darin eine genügende Grundlage für die Mittäterschaft dieses Angeklagten an der ganzen Fortsetzungstat hätte gefunden werden können, zumal nicht näher dargelegt war, worin die geistige Leitung bestanden hatte. Eine der Tat vorausgehende Stärkung des Täterwillens bei anderen Tätern, an die vielleicht gedacht war, konnte für die Mittäterschaft nur herangezogen

werden, soweit sie sich auf bestimmte Einzeltaten bezog. (II, 4. Dezember 1933.) Amtl. Sammlg. S. 392—395. Vgl. Bd. 56 S. 326; Bd. 66 S. 236.

114. Zollhinterziehung. Vermutungstatbestand. Gegenbeweis. Vollendete Straftat. (VZG. §§ 119, 136, 137.) Im Frühjahr 1932 schwärzte L. ein Pferd aus Polen nach Deutschland ein. Im April 1932 verkaufte er das Pferd an S. Von diesem erwarb B. das Pferd durch Vermittlung des L. Er brachte es innerhalb des Grenzbezirks zum Markt, ohne mit einem vorschriftsmäßigen Zollausweis versehen zu sein. Das Landgericht lehnte seine Bestrafung ab, weil er das Pferd als gutgläubiger Besitzer geführt habe. Das Reichsgericht verwies die Sache zurück. Das von L. verübte Vergehen der verbotenen Einfuhr des Pferdes hatte mit dem Verkauf an S. sein Ende erreicht. Daran hätte sich auch dann nichts geändert, wenn B. bei dem Erwerb des Pferdes bösgläubig gewesen wäre. Die ausweislose Beförderung des Pferdes im Grenzbezirk begründete aber gegen B. die Vermutung, daß er einen Bannbruch verübt habe; widerlegen konnte er sie nur durch den Nachweis, daß er einen Bannbruch nicht habe verüben können und daß ein solcher auch nicht beabsichtigt gewesen sei. Der Vermutungstatbestand greift daher auch dann Platz, wenn die Möglichkeit besteht, daß der Beschuldigte zu einer der Beförderung vorausgegangenen Zeit an dem Gegenstand einen Bannbruch verübt habe. Die Freisprechung des B. wäre somit höchstens dann begründet gewesen, wenn das Gericht die Überzeugung gewonnen hätte, daß er auch nicht Teilnehmer des von L. verübten Schmuggels war. So lag aber der Fall nicht; es fehlte der Nachweis, daß B. an dem von L. verübten Schmuggel nicht beteiligt war. (II, 11. Dezember 1932.) Amtl. Sammlg. S. 395—396.

115. Ausspielung. Reklamelotterie. Versteckter Nutzen. (StGB. § 286.) Eine Reklamelotterie wurde in der Weise veranstaltet, daß die Inhaber mehrerer offenen Ladengeschäfte Waren zur Verfügung stellten und gegen festen Entgelt Lose abnahmen; die Lose gaben sie unentgeltlich an Besucher ihrer Geschäfte ab. Die Veranstalter wurden wegen unerlaubter Ausspielung verurteilt. Das Reichsgericht verwies die Sache zurück. Wesentlicher Bestandteil der Ausspielung ist der Spielvertrag; es muß sich um eine Veranstaltung handeln, durch die dem Teilnehmer gegen Entrichtung eines Nutzens die Hoffnung in Aussicht gestellt wird, je nach dem Ergebnis einer wesentlich durch Zufall bedingten Ermittlung einen Vermögenswert zu gewinnen. Spieler kann nur sein, wer die Gegenleistung für die Aussicht auf Gewinn der auszuspielenden Sache macht; Nutzen kann nur der Vermögenswert sein, der bewußt für die Beteiligung an den Gewinnaussichten geopfert wird. Das Landgericht hatte die beteiligten Geschäftsinhaber als die Spieler und das von ihnen bezahlte Entgelt als den Nutzen angesehen. War aber die Gesamtheit der Lose gegen festes Entgelt unter der Abrede erworben, daß sie insgesamt nebst den darauf ruhenden Gewinnaussichten dritten Personen unentgeltlich zugewendet wurden, so konnte es den Geschäftsinhabern nicht darum zu tun sein, ein vom Zufall abhängiges Spiel zu wagen und dafür einen Nutzen daran zu geben; sie hätten dem Angeklagten das ganze von ihm vorbereitete Spielunternehmen abgekauft, um nun ihrerseits eine Ausspielung zu veranstalten. Einem solchen Geschäft hätte jeder Spielcharakter gefehlt. Allerdings ist es für den Tatbestand der Ausspielung gleichgültig, ob der den Nutzen Leistende von seinem Recht aus dem Spielvertrag selbst Gebrauch macht oder das die Gewinnaussicht verkörpernde Los vor der Ziehung entgeltlich oder unentgeltlich weitergibt. Auch gehört zum Spielvertrag nicht notwendig, daß der Spieler oder dessen Rechtsnachfolger für seinen Nutzen den Anspruch auf Zahlung des Gewinns an sich selbst erwirkt; vielmehr kann auch von vornherein die Auszahlung des Gewinns an einen Dritten bedungen werden. Aber in all diesen Fällen ist doch erforderlich, daß dieser erste Vertragsgegner ein Spieler ist, einen Nutzen leistet und dafür nichts anderes als das Recht erwirbt, an der Ziehung teilzunehmen oder einen Dritten teilnehmen zu lassen, daß sich also sein Recht auf eine bloße Gewinnaussicht beschränkt und daß er nur dafür sein Entgelt geleistet hat. Gerade dies war aber hier nicht dargetan. Es handelte sich um zwei Verträge, einen Vertrag zwischen dem Angeklagten und den Geschäftsinhabern und einen Vertrag zwischen den Geschäftsinhabern und den einzelnen Losabnehmern. Beide Verträge waren voneinander insoferne unabhängig, als der eine Vertragsteil des ersten Vertrags

(der Angeklagte) mit dem einen Vertragsteil des zweiten Vertrags (dem Losabnehmer) in keinerlei vertraglichen oder sonstigen Beziehungen stand; ferner fehlte bei dem ersten Vertrag die Spielnatur, bei dem zweiten aber der Nutzen. Weder wirtschaftlich noch rechtlich konnten solche Verträge zu einer Einheit zusammengeschlossen und daraus eine Ausspielung abgeleitet werden. Eine andere Frage war es, ob nicht die einzelnen Geschäftsinhaber als Veranstalter einer unerlaubten Ausspielung zu betrachten waren und der Angeklagte an dieser Handlung als Gehilfe oder Mittäter beteiligt war. Hier wurde die Frage des versteckten Nutzens von entscheidender Bedeutung. Ein nur mittelbares Interesse der Geschäftsinhaber, etwa Kundenwerbung für die Zukunft, konnte nicht zum Begriff des versteckten Nutzens verwendet werden. (VI, 22. Dezember 1932.) Amtl. Sammlg. S. 397—400.
Vgl. Bd. 10 S. 245; Bd. 36 S. 123; Bd. 55 S. 270; Bd. 59 S. 347; Bd. 65 S. 194.

116. Devisenverordnung. Mittelperson. Einziehung. Gesetzeseinheit. (DevVO. von 1931 §§ 12, 18; von 1932 §§ 14, 29, 36; 6. DurchfVO. zur DevVO. § 11.) Ein Kaufmann, dessen Vater im Ausland lebte, erschien mit diesem bei einer Bank. Der Vater übergab dort Aktien zum Barverkauf; der Kaufmann nahm, nachdem sich der Vater entfernt hatte, das Geld in Empfang. Die Abrechnung wurde auf den Namen des Kaufmanns ausgestellt; er unterzeichnete auch die Empfangsbestätigung. Seine Verurteilung wegen Devisenvergehens wurde vom Reichsgericht nicht bestätigt. Der Sachverhalt ließ mit der Möglichkeit rechnen, daß der Angeklagte im eigenen Namen als Verkäufer der Aktien der Bank gegenüber auftrat, wenn er auch im Innenverhältnis zu seinem Vater dessen mittelbarer Stellvertreter gewesen sein mochte. Bei einer solchen Sachlage war der Kaufvertrag über die Aktien zwischen der Bank und dem Angeklagten zustande gekommen. Die Kaufpreisforderung war dann devisenrechtlich als Forderung eines Inländers entstanden. Der im Ausland wohnende Vater des Angeklagten hatte nur gegen diesen Anspruch auf Herausgabe des Verkaufserlöses; die Abführung des Betrages war eine Verfügung über den Anspruch und bedurfte darum der Genehmigung der Devisenbewirtschaftungsstelle. Wäre der Angeklagte als

offener Stellvertreter seines Vaters aufgetreten, so wären die Kaufpreisforderungen gegen die Bank unmittelbar für den Vater des Angeklagten entstanden; dann wäre schon durch den Empfang der Zahlung über die aus dem Verkauf der Wertpapiere entstandenen Forderungen eines Ausländers verfügt worden; die Abführung des Geldes an den Vater des Angeklagten kam dann als ein selbständiges neues Devisenvergehen in Betracht. Ebenso war die Sachlage zu beurteilen, wenn der Angeklagte nur als Bote seines Vaters tätig geworden wäre. Ob in derartigen Fällen Gesetzeseinheit angenommen werden kann, ließ das Reichsgericht dahingestellt. Wenn mehrere Begehungsformen der Zuwiderhandlung gegen ein umfassendes Verbot auf Grund eines im Voraus gefaßten einheitlichen Entschlusses verwirklicht werden, kann im allgemeinen Gesetzeseinheit der Verbote der einzelnen Begehungsformen angenommen werden; die Übertragung dieser Auffassung auf Devisenvergehen wäre aber von ungewöhnlicher Tragweite, weil sie geeignet wäre, nahezu alle Zuwiderhandlungen gegen § 18 der alten und § 36 der neuen Devisenverordnung zu einer Gesetzeseinheit zusammenzufassen. Hinsichtlich der Einziehung bemerkte das Reichsgericht, daß als Werte, auf die sich die strafbaren Handlungen bezogen, zunächst die Aktien, die Kaufpreisforderungen und die dem Vater des Angeklagten ausgehändigten Zahlungsmittel in Betracht kamen. Die Einziehung der Aktien und der Forderungen gegen die Bank hatte zu unterbleiben, da die Bank gutgläubig war; auch die Zahlungsmittel waren voraussichtlich nicht mehr greifbar. Zu prüfen war aber, ob nicht auch die Ansprüche des Vaters des Angeklagten gegen diesen auf Herauszahlung der Erlöse der Wertpapiere eingezogen werden konnten; wenn auch der Angeklagte diese Beträge schon an seinen Vater abgeführt hatte, war doch damit zu rechnen, daß diese Erfüllungsgeschäfte zwischen Vater und Sohn nichtig waren und die Ansprüche des Vaters noch bestanden. (I, 28. November 1933.) Amtl. Sammlg. S. 401—408.
Vgl. Bd. 11 S. 358; Bd. 25 S. 102; Bd. 59 S. 325; Bd. 66 S. 217; Bd. 67 S. 136; JW. 1931 S. 3219.

117. Versicherung an Eides Statt. (StGB. § 156; ZPO. §§ 272 b, 495.) In einem Rechtsstreit forderte der Amtsrichter eine Partei zur Vorlage einer Urkunde

auf, die eine eidesstattliche Versicherung eines Zeugen enthielt; die Partei kam der Aufforderung nach. Die eidesstattliche Versicherung entsprach nicht der Wahrheit. Die Verurteilung des Zeugen wegen Abgabe einer falschen Versicherung an Eides Statt wurde vom Reichsgericht bestätigt. Erforderlich war, daß die Versicherung vor einer zur Abnahme einer solchen Versicherung zuständigen Behörde abgegeben worden war, hier also, daß sie sich auf einen Gegenstand bezog, über den sie vor der Behörde, der sie vorgelegt wurde, abgegeben werden konnte, und daß sie rechtlich nicht völlig wirkungslos war. Das traf hier zu. Das Gericht hatte nach Einreichung der eidesstattlichen Versicherung die verfahrensrechtliche Möglichkeit, die Urkunde nicht nur im Wege des Urkundenbeweises zu würdigen, sondern sie auch mindestens zunächst als Ersatz der persönlichen Vernehmung des Angeklagten als Zeugen zu behandeln und darum von seiner Ladung abzusehen; dem stand der Umstand nicht entgegen, daß die Versicherung nicht von dem Angeklagten unmittelbar, sondern von der Partei eingereicht wurde, die sie in Händen hatte. (I, 1. Dezember 1933.) Amtl. Sammlg. S. 408—409.
Vgl. Bd. 57 S. 53; Bd. 58 S. 147; Bd. 59 S. 175; Bd. 62 S. 119.

118. Untersuchungsausschuß. Meineid. (StGB. § 154.) Vor einem vom anhaltischen Landtag eingesetzten Untersuchungsausschuß wurde auf Eid eine unwahre Aussage abgegeben. Der Ausschuß war als eine zur Abnahme von Eiden zuständige Behörde anzusehen. Nach der Verfassung des Landes Anhalt war der Landtag berechtigt, den Ausschuß einzusetzen. Auf seine Erhebungen fanden die Vorschriften der Strafprozeßordnung Anwendung. Mit dem Recht der Vereidigung war ihm eine behördliche Tätigkeit übertragen worden, so daß er insoweit in einer über den eigentlichen Sinn hinausgehenden Bedeutung als Behörde anzusehen war. (II, 7. Dezember 1933.)
Amtl. Sammlg. S. 409—412.
Vgl. Bd. 18 S. 255; Bd. 102 S. 431.

119. Fahrlässige Körperverletzung. Geschäftsführer einer Krankenkasse. (StGB. § 230; RVO. §§ 184, 426, 429, 437.) Ein Arbeiter verletzte sich einen Finger. Der behandelnde Arzt stellte ihm einen Schein aus, worin er ihn ohne weitere Begründung dem Krankenhaus überwies. Der Geschäftsführer der zuständigen Krankenkasse lehnte die Gewährung von Krankenhauspflege zunächst ab, ordnete sie aber auf Grund einer Aufforderung des Arztes nach drei Tagen an. Inzwischen hatte sich der Finger verschlimmert. Das Landgericht verurteilte den Geschäftsführer wegen fahrlässiger Körperverletzung. Das Reichsgericht verwies die Sache zurück. Für die Krankenkassen der Sozialversicherung besteht regelmäßig keine Rechtspflicht zur Gewährung von Krankenhauspflege; diese kann nur an Stelle der Krankenpflege und des Krankengeldes gewährt werden. Damit ist aber die Wahl nicht in die Willkür der Krankenkasse gestellt. Die Krankenkassen sind Einrichtungen der sozialen Fürsorge und haben nach dem Gesetz die Pflicht, im öffentlichen Interesse für die Heilung erkrankter Mitglieder zu sorgen. Die Entscheidung darüber, ob Krankenhauspflege zu gewähren ist, muß nach pflichtmäßigem Ermessen erfolgen. Innerhalb des Spielraums, den dieses Ermessen gibt, ist eine Nachprüfung ausgeschlossen. Zu beachten ist einerseits die Notwendigkeit einer Krankenhausbehandlung für die Heilung des Erkrankten, andererseits die Bedeutung der Kosten, die eine solche Behandlung für die Krankenkasse hat. Das Gutachten des behandelnden Arztes allein ist nicht ausschlaggebend. Selbst wenn nach Art und Schwere der Erkrankung eine wirksame Behandlung nur im Krankenhaus möglich ist, ist die Krankenkasse nicht ohne jede Rücksicht auf die Kosten zur Gewährung von Krankenhauspflege verpflichtet. Die Kostenfrage wird häufig, vielleicht sogar meistens hinter den Interessen des Erkrankten zurücktreten müssen; es ist aber das Recht und — besonders bei gespannter Kassenlage — unter Umständen sogar die Pflicht der für die Entscheidung zuständigen Stellen, sich nicht ohne weiteres auf das Urteil des Arztes zu verlassen, wenn es ihr ohne jede Begründung übermittelt wird. Die notwendige Aufklärung wird hier in der Regel durch Rückfragen zu schaffen sein. Ohne Belang war, ob auch den Verletzten ein Verschulden daran traf, daß die Krankenhausbehandlung unterblieb. (III, 11. Dezember 1933.)

Amtl. Sammlg. S. 412—417.

120. Verbindung. Hauptverhandlung. (StPO. §§ 229, 230, 261, 264.) Gegen B. und H. wurde das Hauptverfahren wegen gemeinschaftlichen Betrugs eröffnet. H.

konnte nicht aufgefunden werden; gegen B. wurde eine Hauptverhandlung begonnen, aber ausgesetzt. Nachdem H. ergriffen worden war, wurde auch gegen ihn eine gesonderte Hauptverhandlung durchgeführt; darauf wurden die beiden Verfahren wieder verbunden. In der neuen Hauptverhandlung wurde H. zur Sache weiter vernommen; wie weit er seine früheren Äußerungen wiederholte, war aus dem Sitzungsprotokoll nicht zu entnehmen. Die Revision des B. führte zur Zurückverweisung der Sache. Er konnte sich zwar nicht darüber beschweren, daß H. bei einem Teil der Hauptverhandlung nicht anwesend gewesen war; durch die Abwesenheit eines Mitangeklagten ist ein Angeklagter in der Regel nicht beschwert. Es bestand aber die Möglichkeit, daß das Gericht die in der Hauptverhandlung gegen H. erworbenen Kenntnisse auch bei der Urteilsfindung gegen B. verwertete. Auf dieser Gesetzesverletzung konnte das Urteil beruhen. (II, 23. Oktober 1933.) Amtl. Sammlg. S. 417—419.

Vgl. Bd. 38 S. 272.

121. Lohnsteuermarken. Urkundenfälschung. Gesetzeseinheit. (StGB. §§ 267, 348, 349; RAbgO. § 405.) Ein Steuerbeamter hatte zu prüfen, ob die Arbeitgeber in die zu den Steuerkarten ihrer Arbeiter gehörigen Anlagebogen regelmäßig Lohnsteuermarken entsprechend den einbehaltenen Lohnsteuerbeträgen eingeklebt und vorschriftsmäßig entwertet hatten; die fehlenden Marken hatte er selbst einzukleben und zu entwerten. Er verwandte dazu fortlaufend Marken, die er zu diesem Zweck von älteren, schon erledigten und an das Finanzamt abgeführten, ihm dienstlich zugänglichen Markenbogen abgelöst hatte; hiebei entfernte er die alten Entwertungsvermerke und setzte neue darauf. Er wurde wegen Urkundenbeschädigung und Falschbeurkundung im Amte verurteilt. Auf seine Revision wurde die Sache zurückverwiesen. Der Tatbestand der Urkundenbeschädigung lag vor. Die Markenbogen, die den Steuerkarten beigelegt werden, sind dazu bestimmt und geeignet, die rechtlich erhebliche Tatsache nachzuweisen, für welchen Zeitabschnitt und in welcher Höhe der Arbeitgeber für den Arbeitnehmer die von dessen Arbeitlohn einbehaltene Einkommensteuer entrichtet hat; sie müssen zu diesem Zweck den Namen des Arbeitgebers und Arbeitnehmers enthalten. Demgemäß sind diese Markenbogen Urkunden. Sie verlieren diese Eigenschaft auch nicht dadurch, daß sie nach der Prüfung beiseite gelegt werden; erst durch die Anordnung ihrer Vernichtung wird ihnen diese Eigenschaft genommen. Hievon abgesehen, erlischt die Eigenschaft nur, wenn ihnen durch eine äußere Einwirkung die Fähigkeit, Beweis zu liefern, entzogen wird, vor allem also, wenn sich aus ihnen nicht mehr erkennen läßt, wessen Gedankenäußerung in ihnen niedergelegt war. Die vielleicht noch bestehende Möglichkeit, den Urheber der Erklärung durch Schriftenvergleichung herauszuermitteln, reicht nicht aus, ihnen die Urkundeneigenschaft zu erhalten. Die Annahme, daß der Angeklagte abgelieferte Markenbogen durch Ablösung von Marken beschädigt hatte, unterlag also keinem rechtlichen Bedenken. Dagegen hatte sich der Angeklagte einer Falschbeurkundung nicht schuldig gemacht. Die Niederschrift des Entwertungsvermerks auf Steuermarken bedeutet allerdings die Herstellung einer Urkunde; der Vermerk soll nicht nur die nochmalige Verwendung der Marken zur Tilgung einer anderen Steuerschuld verhindern, sondern daneben und in erster Linie erweisen, für welchen Zeitabschnitt die Steuerschuld durch Verwendung der Marken entrichtet werden sollte. Aber er bildet keine Beurkundung des Entwertungstages zu öffentlichem Glauben und gegen jedermann, selbst wenn ihn ausnahmsweise an Stelle des Steuerschuldners ein Steuerbeamter in Ausübung seiner amtlichen Rechte und Pflichten auf die Marke setzt. Diese Tätigkeit des Beamten hängt von dem zufälligen Umstande ab, daß ein Steuerschuldner seine Verpflichtung zum Entwerten der Steuermarken nicht erfüllt hat. Aus diesem Grunde ist auch dem Steuerbeamten für die Vornahme der Entwertung keine Form vorgeschrieben. Dem Entwertungsvermerk auf Steuermarken, die aus Markenbogen herausgenommen worden sind, kommt keine Urkundeneigenschaft zu, da aus ihnen nicht zu entnehmen ist, auf wessen Steuerschuld sie sich beziehen. Demgemäß bildete die Beseitigung dieser Vermerke keine Urkundenvernichtung, die Niederschrift neuer Entwertungstage keine Urkundenverfälschung. Das Verhalten des Angeklagten fiel aber unter § 405 RVO.; der Angeklagte hatte vorsätzlich bereits verwendete Steuerzeichen als gültig wiederverwendet. Die Herauslösung der Marken aus den schon weggelegten Markenbogen wurde hierdurch nicht mit er-

faßt; der Tatbestand des § 405 RVO. ist im Verhältnis zu den §§ 348, 349 StGB. nicht der engere. (II, 30. November 1933.) Amtl. Sammlg. S. 419—423.
Vgl. Bd. 40 S. 217.

122. Mord. Bedingter Vorsatz. Überlegung. (StGB. § 211.) Mehrere Personen hatten sich zur Begehung von Raubüberfällen verbunden. Bei einem solchen Überfall wurde durch einen Schuß, den einer von ihnen abgefeuert hatte, ein Mensch getötet. Sie wurden wegen gemeinschaftlich verübten Mordes verurteilt; ihre Revisionen wurden verworfen. Die vorsätzliche Tötung setzt den Willen voraus, durch die Handlung den Tod eines Menschen herbeizuführen. Dazu genügt schon bedingter Vorsatz. Dieser war ausreichend festgestellt. Die Angeklagten hatten die Schüsse in gegenseitigem Einvernehmen abgegeben; sie waren sich darüber klar, daß dadurch ein Mensch tödlich getroffen werden konnte und billigten diesen Erfolg. Ob sie die Absicht der Tötung hatten oder damit rechneten, daß sie ihr Ziel auch ohne eine solche erreichen würden, machte nichts aus. Einer Vorstellung von dem Verlauf der Tat in allen Einzelheiten bedurfte es nicht. Dahingestellt konnte auch bleiben, welcher der Angeklagten den tödlichen Schuß abgegeben hatte; jeder einzelner Mittäter war infolge des gemeinschaftlichen verbrecherischen Willens und der unmittelbaren Beteiligung an der Tat für den von ihm gebilligten und bedingt gewollten Gesamterfolg verantwortlich. Die Annahme bedingten Vorsatzes schloß auch nicht die Feststellung aus, daß bei der Ausführung der Tötung mit Überlegenheit gehandelt wurde; die Überlegung muß beim Verbrechen des Mordes über den Vorsatz, zu töten, hinaus und unabhängig von ihm festgestellt werden. (II, 14. Dezember 1933.)
Amtl. Sammlg. S. 424—426.
Vgl. Bd. 33 S. 4; Bd. 42 S. 261; Bd. 46 S. 227; Bd. 59 S. 2; Bd. 65 S. 67.

123. Bannbruch. Viehseuchenvergehen. Ausgleichssteuerhinterziehung. Wertersatz. Umwandlung. (VZG. §§ 134, 140, 146, 158; ViehSG. § 74; RAbgO. §§ 396, 401, 418.) Wegen bandenmäßigen, im Rückfall verübten Bannbruchs in Tateinheit mit einem Viehseuchenvergehen und Hinterziehung der Ausgleichssteuer wurde auf Einziehung, Wertersatz und Geldstrafen nach §§ 134, 146

VZG., auf Gefängnisstrafen nach § 74 ViehSG. und auf Geldstrafe aus § 396 RAbgO. erkannt. Das entsprach nicht den gesetzlichen Bestimmungen. Da im § 396 RAbgO. eine schwerere Strafe angedroht ist als im § 74 ViehSG. und in den §§ 134, 140, 146 VZG., ist bei Tateinheit gemäß § 418 RAbgO. die Strafe aus § 396 RAbgO. zu entnehmen; daneben ist nach § 158 VZG. a. F. die für den Bannbruch bestimmte Strafe anzuwenden. Als solche kam nur die Hauptstrafe des § 134 VZG. (Einziehung oder deren Ersatz) in Verbindung mit der Strafschärfung nach § 146 VZG. in Frage; die Geldstrafe des § 134 VZG. schied aus, da ja in anderen Gesetzen (Viehseuchengesetz und Reichsabgabenordnung) eine höhere Strafe festgesetzt ist. Die Ausgleichsteuer ist eine Verbrauchsteuer im Sinne der Reichsabgabenordnung, ihre Hinterziehung ist also nicht als Zollhinterziehung zu behandeln, so daß die Vorschrift über das Zusammentreffen von Bannbruch und Zollhinterziehung nicht in Anwendung kommen konnte. Die dafür zu verhängende Geldstrafe war auf mindestens das Vierfache des hinterzogenen Steuerbetrags zu bemessen. Da die Zollverwaltung auch von verbotswidrig eingeführten Gegenständen Zoll erhebt, war bei der Berechnung des der Steuer zugrundeliegenden Erwerbspreises auch der Zoll hinzuzuschlagen. Neben der Geldstrafe konnte auf Gefängnis erkannt werden. Eine Strafe aus dem Viehseuchengesetz kam nicht in Frage. Unbegründet war das Verlangen der Zollbehörde, für die Wertersatzsumme im Falle ihrer Uneinbringlichkeit eine Freiheitsstrafe zu bestimmen; eine solche Umwandlung ist nicht zulässig. (II, 21. Dezember 1933.) Amtl. Sammlg. S. 426—428.
Vgl. Bd. 55 S. 175; Bd. 57 S. 4; Bd. 60 S. 123; Bd. 61 S. 89; Bd. 65 S. 344.

124. **Devisenordnung. Genehmigung.** (DevVO. 1932 §§ 12, 18, 36.) M. legte einen angeblich von seinem in Paris wohnenden Bruder herrührenden Brief vor, worin dieser ihm in Aussicht stellte, einen Posten Aktien zu verkaufen und ihm den Erlös zur Unterstützung zu überlassen; er erhielt darauf die Erlaubnis, Aktien in diesem Betrag zu verkaufen und über den Erlös zu verfügen. Die Aktien, die er verkaufte, gehörten zwar Ausländern, aber nicht seinem Bruder; der Erlös wurde ins Ausland verbracht. Die Verurteilung wegen Verfehlung gegen die Devisen-

ordnung wurde bestätigt. Die Genehmigung galt ausschließlich für die Papiere, für die sie erteilt worden war; für die verkauften Papiere und für die Verfügung über den Erlös lag also keine Genehmigung vor. Schon vor dem Verkauf der Papiere waren diese verpfändet und das dafür gegebene Geld ins Ausland verbracht worden; auch das war strafbar, da jede Verbringung von Geldmitteln ins Ausland der Genehmigung bedarf. (II, 21. Dezember 1933.) Amtl. Sammlg. S. 429—430.

125. **Hehlerei. Absatz. Urkundenfälschung.** (StGB. §§ 259, 267, 268.) Ein Kraftwagen war gestohlen worden. Der Buchhalter eines Anwalts wirkte zur Verwertung in der Weise mit, daß er unter dem erdichteten Namen M. einen Zahlungsbefehl gegen einen anderen Beteiligten und dann einen Vollstreckungsbefehl erwirkte, darauf einem Gerichtsvollzieher Auftrag zur Pfändung und Versteigerung gab und sich den Erlös behändigen ließ. Damit war der Tatbestand der Hehlerei erfüllt. Absatz im Sinne dieser Vorschrift ist die wirtschaftliche Verwertung einer durch eine strafbare Handlung erlangten Sache, regelmäßig der Umsatz in einen Gegenwert. Dazu zählt auch die zwangsweise Versteigerung. Im vorliegenden Fall war nicht zu prüfen, wie die Rechtslage zu beurteilen gewesen wäre, wenn der Kraftwagen im Wege einer regelrechten Zwangsvollstreckung veräußert worden wäre, denn es war in Wirklichkeit kein Gläubiger und kein Schuldner vorhanden; die staatliche Einrichtung war betrügerisch mißbraucht worden. Das Merkmal des Absatzes war hierin einwandfrei zu finden. Der Beteiligte, der dem Buchhalter den Auftrag zur Erwirkung des Schuldtitels gegeben hatte, war somit eines Mitwirkens beim Absatz schuldig geworden; hiefür reicht jede Tätigkeit hin, die günstigere Bedingungen für den Absatz schafft, selbst wenn es zum Absatz nicht kommt. Einen Teil des Erlöses hatte der Gerichtsvollzieher dem Buchhalter nicht ausgehändigt, sondern auf das Postscheckkonto des Rechtsanwalts überwiesen, den er für den Vertreter des angeblichen Gläubigers halten mußte. Der Rechtsanwalt war eben verreist; der Buchhalter schrieb ihm nun, der Betrag solle an den Mandaten, mit dem er näher bekannt war, überwiesen werden. Das geschah. Als der Lastschriftzettel vom Postscheckamt in das Büro des Rechtsanwalts zurückkam, änderte ihn der

Buchhalter ab, indem er einen anderen Betreff einsetzte. Hierin lag keine Urkundenfälschung. Vermerke des Auftraggebers auf dem Lastschriftzettel eines Postschecks haben keine Beweisbestimmung. Die behördliche Bescheinigung durch den Aufdruck des Tagesstempels bezieht sich nicht auf sie. Der Lastschriftzettel soll nur dem Aussteller des Schecks als Bescheinigung des Scheckamts dienen, daß der darin angegebene Betrag auf dem ebenda durch die Nummer angegebenen Postscheckkonto verbucht worden ist. Zum Beweis anderen Personen gegenüber sind diese Vermerke (wenigstens in der Regel) nicht bestimmt. (II, 21. Dezember 1933.) Amtl. Sammlg. S. 430—434. Vgl. Bd. 4 S. 4; Bd. 5 S. 241; Bd. 17 S. 103, 282; Bd. 20 S. 6; Bd. 50 S. 213; Bd. 53 S. 179, 212; Bd. 54 S. 124; Bd. 58 S. 299; Bd. 59 S. 321; Bd. 64 S. 48; Bd. 67 S. 70, 80.

126. **Straffreiheit.** (StrafFreihG. § 5.) Eine im März 1932 begangene Tat kam im Jahre 1933 zur Aburteilung. Das Gericht lehnte die Anwendung des Straffreiheitsgesetzes ab, weil der Angeklagte im Oktober und November 1932 zu Gefängnisstrafen verurteilt worden war. Die Revision wurde verworfen. Für den Ausschluß der durch das Straffreiheitsgesetz gewährten Vergünstigung genügt es, wenn der Täter durch Freiheitsstrafen sich des Gnadenerweises unwürdig erwiesen hat; es ist nicht notwendig, daß diese vor der Begehung der abzuurteilenden Tat liegen. (I, 22. Dezember 1933.)
Amtl. Sammlg. S. 434—436.

Gesetzesregister.

Seitenzahlen der amtlichen Sammlung.

1 1—2; **2** 2—3; **3** 3—12; **4** 12—29; **5** 29—32; **6** 32—34; **7** 35—40; **8** 40—44; **9** 44—47; **10** 47—49; **11** 49—52; **12** 53—57; **13** 57—59; **14** 59—62; **15** 63—64; **16** 65—66; **17** 67—70; **18** 70—80; **19** 81—90; **20** 90—93; **21** 93—95; **22** 95—97; **23** 97—99; **24** 99—101; **25** 101—107; **26** 107—108; **27** 108—110; **28** 110—114; **29** 114—117; **30** 117—120; **31** 120—123; **32** 123—125; **33** 125—130; **34** 130—144; **35** 145—149; **36** 149—150; **37** 150—167; **38** 167—168; **39** 168—170; **40** 170—173; **41** 173—175; **42** 175—179; **43** 180—183; **44** 183—190; **45** 191—193; **46** 193—195; **47** 195—197; **48** 197—200; **49** 200—203; **50** 204—206; **51** 206—208; **52** 209—215; **53** 215—219; **54** 219—220; **55** 221—225; **56** 226—230; **57** 230—233; **58** 233—236; **59** 236—244; **60** 245—246; **61** 246—248; **62** 248—249; **63** 250—251; **64** 251—252; **65** 252—255; **66** 255—256; **67** 256—257; **68** 257—258; **69** 258—259; **70** 259—262; **71** 262—263; **72** 263—265; **73** 265—266; **74** 266—267; **75** 268—271; **76** 271—272; **77** 273—276; **78** 276—279; **79** 279—281; **80** 281—287; **81** 287—288; **82** 289; **83** 289—293; **84** 294—298; **85** 298—299; **86** 299—303; **87** 303—310; **88** 310—315; **89** 315—316; **90** 317—322; **91** 322—323; **92** 324—329; **93** 329—331; **94** 331—334; **95** 334—336; **96** 337—341; **97** 341—343; **98** 343—345; **99** 345—349; **100** 349—351; **101** 351—356; **102** 356—360; **103** 360—362; **104** 362—365; **105** 365—367; **106** 367—370; **107** 371—373; **108** 373—375; **109** 375—383; **110** 383—385; **111** 385—389; **112** 390—391; **113** 392—395; **114** 395—396; **115** 397—400; **116** 401—408; **117** 408—409; **118** 409—412; **119** 412—417; **120** 417—419; **121** 419—423; **122** 423—426; **123** 426—428; **124** 429—430; **125** 430—434; **126** 434—436.

Sachregister.

Ritter, Dr. Carl, Vizepräs. d. Hanseat. Oberlandesger.

Kommentar zum Handelsgesetzbuch mit Ausschluß des Seerechts. 2. vollst. neubearb. Aufl. XII, 902 S. Geh. in 4 Lief. RM. 28.—, Ganzleinen geb. RM. 30.50.

Zentralblatt für Handelsrecht 1932, Nr. 2: . . . Wie es geschieht, ist geradezu meisterhaft. Ebenso wie bei der erschöpfend wiedergegebenen Rechtsprechung ist der Kern der Meinung schlagwortartig in unübertrefflicher Kürze herausgeschält. Die Einteilung ist von beispielgebender Übersichtlichkeit. Die Formulierungen, die gewählt werden, sind ungemein glücklich. Mit einer Wendung wird oft der Streitfall erleuchtet und geklärt. Mit gespanntem Interesse sieht man dem Erscheinen der weiteren Teile entgegen.

Der das Aktienrecht umfassende Teil erscheint als Ergänzungsband nach Veröffentlichung des neuen Aktienrechts.

Senft, J., Oberlandesgerichtsrat.

Handbuch für Konkursrichter. 4. Aufl. von Dr. A. W. Müller, Senatspräs. in Stettin. Gr. 8°. 301 S. 1928. Geb. RM. 12.60.

Die Bestimmungen der KO. werden in diesem beliebten Buche unter Erörterung aller die Praxis interessierenden Fragen und in möglichst übersichtlicher Form dargestellt; so wird dem Praktiker eine ausgiebige u. dabei schnelle Informationen an die Hand gegeben.

Senft, J., Oberlandesgerichtsrat.

Die Verwaltung von Konkursen nach der Konkursordnung. Für die Praxis bearbeitet. 9. Aufl. von Dr. A. W. Müller, Senatspräs. in Stettin. Gr. 8°. 460 S. 1928. Geb. RM. 16.20.

Dieses Werk hat sich ein Menschenalter hindurch aufs beste bewährt. Es dient in seiner praktischen Anlage dem erfahrenen Konkurspraktiker, wie dem Neuling in Konkurssachen. Für Rechtsanwälte, Konkursrichter, Konkursverwalter unentbehrlich.

Willenbücher, weil. Oberlandesgerichtsrat.

Das Kostenfestsetzungsverfahren und die Deutsche Gebührenordnung für Rechtsanwälte nebst den landesgesetzl. Vorschriften in Preußen, Bayern, Sachsen, Württemberg, Baden u. Hessen. Mit Erläut. 11., völlig neub. Aufl. v. OLGR. Fischer u. RA. Dr. W. Kraemer. Gr. 8°. 590 S. u. 16 S. Tab. 1931. Geb. RM. 21.—.

H. W. Müller, Berlin W 8, München 2 NW.